Saturns Transithandbuch von Fischen für jedes Sternzeichen

Rubi Astrologa

Published by Rubi Astrologa, 2023.

While every precaution has been taken in the preparation of this book, the publisher assumes no responsibility for errors or omissions, or for damages resulting from the use of the information contained herein.

SATURNS TRANSITHANDBUCH VON FISCHEN FÜR JEDES STERNZEICHEN

First edition. March 15, 2023.

ISBN: 979-8215142387

Written by Rubi Astrologa.

Saturns Transithandbuch von Fischen für jedes Sternzeichen

Alina A Rubi und Alina Rubi

<u>Saturn in Fische, eines der wichtigsten astrologischen Ereignisse.</u>

<u>Vorhersagen für jedes Sternzeichen</u>

Saturn in Fische, eines der wichtigsten astrologischen Ereignisse.

Der 7. März ist einer der wichtigsten Tage im astrologischen Kalender. Saturn, der strenge Lehrer und Herr des Karmas, muss sich Fischen, dem Träumer, stellen. Dieser Transit von Saturn in Fische, der bis Februar 2026 dauern wird, wird keine gut angenommene Mischung sein.

Saturn ist ein Planet strenger Verantwortung und Autorität, der uns diszipliniert und strukturiert, während er durch den Tierkreis geht. Saturn möchte sicherstellen, wie wir unsere Ziele erreichen, und wenn sich dieser Planet durch Fische, das spirituellste Zeichen, bewegt, sind einige wichtige Vorschläge an uns gerichtet. Pluto und Saturn, die sich so im Gleichklang verändern, werden einen gigantischen energetischen Vulkan bringen und garantiert eine unvergessliche Zeit sein. Dies mag als Kampfformel mitschwingen, aber diese energetische Kombination kann effektiv und lohnend sein.

Saturn ist in Fische nicht zufrieden. Es fällt ihm schwer, Strukturen zu finden und Realität zu konstruieren, wenn sich alles bewegt. Fische ist ein duales Zeichen, so dass es auf entgegengesetzte Weise ausgedrückt werden kann; Es kann das gleiche transzendente sein, wie praktisch. Es besteht die Möglichkeit, dass Saturn in Fische die Konstruktion von Formen über oder unter Wasser anzeigt oder Wasser dominiert, wie Leitungen, Aquädukte und Häfen. Es kann aber auch den Einsturz dieser Strukturen aufgrund von Hurrikanen oder struktureller Fragilität aufdecken.

Der Archetyp der Fische steht im Widerspruch zu Saturn. Es repräsentiert Utopie, Kreativität, Spiritualität und Esoterik sowie Träume, Illusionen, Lügen und Eskapismus. Es symbolisiert das Bestreben, wie das Meer zu fließen und Grenzen und Einschränkungen aufzuheben.

Der letzte Transit von Saturn in Fische war von Mai 1993 bis April 1996, und diese Phase sah die Ergebnisse des Zusammenbruchs der Sowjetunion im Jahr 1989, der Folgen auf der ganzen Welt verursachte und die russische Wirtschaft zermalmte. Russland begann 1994 den ersten Tschetschenienkrieg, der bis 1996 dauerte. Der Internationale Strafgerichtshof für das ehemalige Jugoslawien wurde im Mai 1993 in Den Haag gegründet, um Kriegsverbrechen zu verfolgen, die während der jugoslawischen Kriegsparteien in den frühen 1990er Jahren begangen wurden. Auf der anderen Seite breitete sich der Bosnienkrieg zwischen Kroaten, Bosniaken und Serben mit Grausamkeiten und ethnischen Säuberungen und verschiedenen Hinrichtungen aus. Der Krieg endete 1995, und die meisten bosnisch-serbischen Kommandeure wurden wegen Völkermord und Verbrechen gegen die Menschlichkeit angeklagt. 1994 begann der Völkermord in Ruanda, als Hutu-Banden mehr als 700.000 Tutsis ermordeten und unzählige Frauen während des Massakers, das im Juli endete, vergewaltigt wurden. Die Krise der Abrüstung des Irak nach dem Ende des ersten Golfkriegs war auf ihrem Höhepunkt mit viel Lärm und ohne Vertrauen unter den Beteiligten. Eine Sekte in der Schweiz, die als "Order of the Solar Temple" bezeichnet wurde, führte eine Reihe von Massenverbrechen und Selbstmorden durch, und hier in den Vereinigten Staaten ermordete Timothy McVeigh 168 Menschen bei dem Bombenanschlag in Oklahoma City. Während dieses Saturntransits durch Fische wurde O.J. Simpson wegen des Mordes an seiner Ex-Frau und seinem Freund verhaftet und nach einem umfangreichen Prozess, der ein Hollywood-Spektakel war, freigelassen. In London wurde Fred West und seine Frau Rose inhaftiert, nachdem sie in ihrem Hinterhof die Leichen mehrerer Mordopfer geborgen hatten. Südafrika hatte seine erste multirassische Untersuchung, und Nelson Mandela wurde zum Präsidenten gewählt und schaffte später die Todesstrafe in diesem Land ab. Russland und China unterzeichneten ein Abkommen, um sich nicht mehr gegenseitig mit ihren Atomwaffen zu provozieren, und der Vertrag über die "nukleare Nichtverbreitung" wurde endlos um 170 Länder erweitert. In Australien wurde vereinbart, indigene Völker zu entschädigen, die in den 1950er und 1960er Jahren bei Atomtests vertrieben wurden.

Andere Ereignisse während des Saturntransits in Fische sind religiöse Strömungen, ideologische Bewegungen wie Sozialismus und Linke, die Übertragung von Krankheiten und Ansteckungen, destruktives Verhalten, das durch Panik ausgelöst wird, eine Zunahme des Drogenkonsums und die Entwicklung aller Arten von Kunst sowie maritime Transportmittel.

Saturn in Fische wird sicherstellen, dass wir Spiritualität oder Angst nicht nutzen können, um bestimmte Konflikte zu vermeiden, denen wir uns stellen müssen. Wir können meditieren, hundert Jahre in Tibet verbringen und die mächtigsten Mantras des Universums anwenden, aber irgendwann müssen wir auch handeln.

In den letzten Jahren, in denen Saturn den Wassermann durchquert hat, war es notwendig, sich auf Individualität zu konzentrieren und authentischer zu sein, anstatt den Zwang der Menschen um uns herum zu tolerieren. Obwohl Wassermann ein Zeichen ist, das dafür bekannt ist, nach seinem eigenen Rhythmus zu tanzen, da es beim Saturn um Einschränkungen geht, hat er uns dazu gebracht, allein mit uns selbst zu sitzen (erinnern Sie sich an die Einschränkungen während der Pandemie) und zu schauen, wo wir stehen können, um gesunde Grenzen zu schaffen.

All diese Lektionen bereiteten uns auf das vor, was mit Saturn in Fische vor uns liegt. Wir werden anfangen, sensibler zu sein, wie wir Spiritualität in unser tägliches Leben einbringen können, während wir ein Verständnis dafür bewahren, wie wir uns selbst strukturieren können. Viele Menschen werden Religionen oder Dogmen aufgeben oder in Frage stellen.

Natürlich gibt es viele, die diese Zeit nicht genießen werden, darunter religiöse Führer und diejenigen, die Verschwörungstheorien fördern. Wir werden Konflikte zwischen Individuen unterschiedlicher

Religionen sehen und viele Tendenzen, zu versuchen, das zu dominieren, was andere glauben wollen. Wir müssen akzeptieren, dass nur weil andere mit unseren Überzeugungen nicht einverstanden sind, das nicht bedeutet, dass sie falsch liegen. Es zeigt einfach, dass ihre Ansichten unterschiedlich sind, denn am Ende des Tages befürwortet Fische die Inklusion. Etwas, das uns fehlt.

Da Fische und Neptun das Unterhaltungsgeschäft betreiben, werden große Studios und Plattenfirmen schließen, und viele Künstler, die mit diesen Studios verbunden waren, werden sich entscheiden, ihre eigenen zu gründen. Wenn Sie ein Künstler sind, sollten Sie Ihre Arbeit vorteilhaft einsetzen, anstatt die großen Unternehmen an der Spitze die Dividenden genießen zu lassen.

Das Interesse an Spezialeffekten und eine stärkere Orientierung an eigenständigen Filmen und Themen, die den Alltag widerspiegeln, werden nachlassen. Wir werden die Schönheit um uns herum zu schätzen wissen, und wir werden weniger von Glamour motiviert sein.

Karma neigt oft dazu, als etwas Böses angesehen zu werden, aber zu ernten, was du säst, ist nicht schlecht, solange du dich gut benommen hast. Mit unserem karmischen und unterbewussten Gepäck zu arbeiten, die Vergangenheit zu verstehen und bereit zu sein, loszulassen, ist entscheidend, um sich in diesem Transit zu entwickeln und erfolgreich aus ihm herauszukommen. Wenn du ausweichst, wird Saturn dich sanktionieren, aber wenn du es umarmst, wirst du an einem Ort ankommen, der für etwas Großes prädestiniert ist.

Vorhersagen für jedes Sternzeichen

Die Position des Saturns in unserem Geburtshoroskop zeigt an, wo wir verpflichtet sind, die Kontrolle über die Realität zu erlangen und mehr Verantwortung zu übernehmen. Fische ist das letzte Tierkreiszeichen, so dass Saturns Bewegung hier auch einen Endpunkt oder Endpunkt für einen größeren Zyklus anzeigt.

Fische ist ein Wasserzeichen, das Licht, Dunkelheit und unsichtbare Welten darstellt. Er ist bekannt für seine abstrakten Ideen und seine Kreativität. Fische sind veränderlich, was bedeutet, dass sie anpassungsfähig und offen für die Energien der Welt um sie herum sind. Saturn ist eine sehr feste Energie. Es herrscht über Gesetze, Verantwortlichkeiten und Einschränkungen, und seine Energie kann sich manchmal wie ein Weckruf anfühlen, der uns in die Realität zurückbringt und uns den Konsequenzen unseres Handelns stellen lässt.

Saturns Präsenz in Fischen könnte sich aufgrund all dessen etwas schwer anfühlen, da normalerweise wässrige, intuitive und sensible Fische-Energie gezwungen sein wird, etwas zurückhaltender zu werden.

Um es besser zu verstehen, können Sie es sich so vorstellen: Wenn Fische Wasser sind, das reibungslos fließt, wird die Anwesenheit von Saturn Deiche bauen, und diese Retention kann das Wasser in eine produktive und vorteilhafte Richtung lenken, aber es kann sich auch bedrückender oder kontrollierender anfühlen. Es gibt jedoch eine Möglichkeit, ein Gleichgewicht zwischen diesen beiden Energien zu schaffen, da die kreativen, immateriellen und äußeren Ideen der Fische-Energie dank Saturn einige Wurzeln schlagen können.

Saturn hat eine praktische Energie, wenn wir dies also mit der Kreativität der Fische kombinieren, gibt es ein Gleichgewicht, das erreicht werden kann, um uns zu helfen, unsere kreativen Ideen zum Leben zu erwecken oder sie sogar in ein Geschäft zu verwandeln.

Fische sind auch mit Religion und Spiritualität verbunden, so dass es mit Saturn viele Fragen rund um Religion und Spiritualität geben könnte und wie sie mit den Regeln verbunden ist, die die Gesellschaft regieren, die spirituelle Industrie kann auch einen Weckruf unter dieser Energie erhalten, oder auf persönlicher Ebene t Ihre eigenen Einstellungen und Überzeugungen über t Ihre spirituelle oder religiöse Verbindung wird sich ändern.

Was Saturn wirklich will, ist, dass wir vortreten und Verantwortung für unser Leben übernehmen und in Übereinstimmung mit unserem authentischen Selbst handeln. Saturn kann Grenzen und Einschränkungen auferlegen, die uns das Gefühl geben, gefangen oder erstickt zu sein, aber das ist nur, damit wir uns die Zeit nehmen können, herauszufinden, was wir wirklich wollen und was wir wirklich bereit sind zu verteidigen.

Im Folgenden können Sie eine Synthese dessen lesen, was Saturns Transit in Fische für jedes Tierkreiszeichen bringen wird. Wenn Sie mehr aus all diesen Informationen herausholen möchten, empfehle ich Ihnen, die Ihres aufsteigenden Zeichens zu lesen, wenn Sie es wissen, und dann die Interpretationen zu mischen.

Oder eine andere Möglichkeit, mehr über diesen mächtigen planetaren Transit zu erfahren, besteht darin, über die Probleme nachzudenken, die in Ihrem Leben stattfanden, als Saturn das letzte Mal in Fische war, was von 1994 bis 1996 war, so dass Sie zusätzliche Gasinformationen darüber erhalten, was dieser Zyklus Ihnen bringen kann.

Widder

Saturn, der sich in Richtung Fische bewegt, kann etwas Ärger in Ihr Leben bringen. Du magst das Gefühl haben, dass diese 2,5-jährige Periode eine tiefe spirituelle Reflexion und Selbstbeobachtung ist, und du musst dich vielleicht einigen deiner Schatten stellen.

Deine Intuition kann sich schärfen oder ganz verblassen und dich neue Wege des Seins lehren. Wenn sich Saturn durch Fische bewegt, kann es vorteilhaft sein, daran zu denken, dass Sie der nächste sind, denn sobald Saturn seine Reise durch Fische beendet hat, wird er sich auf Ihr Zeichen zubewegen.

Bevor Saturn Ihr Zeichen erreicht, verbringen Sie viel Zeit damit, Spinnweben zu säubern, unter den Teppich zu kehren und nach Dingen zu suchen, die auftauchen müssen. Saturn wird auf einer sehr inneren Ebene für dich arbeiten und Dinge aus deinem Unterbewusstsein herausnehmen oder Dinge, die du tief in dir vergraben hast.

Saturn kann oft Probleme im Zusammenhang mit unserem Vater oder Vaterfiguren in unserem Leben aufwerfen, es kann auch Themen aufwerfen, bei denen wir keine Verantwortung dafür übernommen haben, wie wir uns wirklich fühlen. Manchmal kann Saturn auch an die Oberfläche bringen, wo wir keine Verantwortung für das Gesetz oder die sozialen Regeln übernommen haben, denen wir folgen müssen.

Saturn kann auch Geheimnisse und Dinge enthüllen, die vor dem Blick verborgen wurden. All das mag ein bisschen schrecklich klingen, aber du wirst wirklich angeleitet, dich auf einer tieferen Ebene mit dir selbst zu verbinden, und dafür kannst du einigen Schmerzen oder Kämpfen in deiner inneren Welt gegenüberstehen. Dies geschieht, damit Sie Verantwortung für sie übernehmen und reifen können.

Wenn Sie Saturn, als weisen und strengen Lehrer betrachten, erhalten Sie das meiste Training, wenn es um Ihre innere Welt und die Dinge geht, die in Ihrem Unterbewusstsein passieren. Du wirst Saturn in Fischen in deiner äußeren Welt nicht wirklich fühlen, für dich ist es meistens alles innerlich. Dies bedeutet, dass Saturns Reise durch Fische sehr persönlich für Sie und das, was in Ihrem Unterbewusstsein geschieht, ist.

Saturn, der sich durch diesen Teil Ihres Diagramms bewegt, kann auch eine Befreiung oder ein Ende irgendeiner Art bringen. Saturn bewegt sich selten abrupt, seine Energie baut sich langsam auf, und es ist oft etwas, das wir kommen sehen. Das bedeutet, dass alles, was zu einem Ende bestimmt ist, wahrscheinlich etwas sein wird, für das Sie planen können und das Sie kommen sehen werden.

Dieses Ende könnte für einen Job, eine Beziehung oder auch für etwas Immaterielles wie ein Glaubenssystem sein. Religion und Spiritualität sind sehr mit der Energie der Fische verbunden, so dass Sie vielleicht Ihre Gedanken und Überzeugungen rund um diese Veränderung bemerken, oder Sie möchten sich wieder mit der Religion oder den spirituellen Praktiken Ihrer Vorfahren verbinden.

Einige spirituelle Überzeugungen zu haben, wird dir in diesem Prozess helfen. Du musst nicht religiös oder ultra-spirituell sein, aber die Vertiefung deiner spirituellen Verbindung, auf welche Weise auch immer, scheint dir richtig zu sein, kann ein palliatives Heilmittel sein, wenn du in dieser Zeit voranschreitest.

Wenn einige Geheimnisse enthüllt werden, oder unbewusste Überzeugungen und Gedanken angesprochen werden, drücken Sie sie nicht nach unten, setzen Sie sich in das Unbeholfene und vertrauen Sie darauf, dass Sie im Laufe der Zeit die Werkzeuge und die Weisheit entwickeln werden, um sie zu transformieren.

Saturn ist ein weiser Lehrer und wird dir nie mehr aufzwingen, als du nicht bewältigen kannst, Saturno drängt dich, weil er weiß, dass du es schaffen kannst, und er weiß, dass dein Potenzial viel größer ist, als du dir vorstellen kannst.

Als Feuerzeichen bist du ein Anführer und hast die natürlichen Fähigkeiten und Talente, um ein Entdecker zu sein. Mit Saturn in Fische müssen Sie möglicherweise langsamer werden und sich wirklich ausrichten, bevor Sie vorwärts gehen. Saturns Anwesenheit in Fischen kann dazu führen, dass du dich ein wenig zurückhaltend fühlst oder dass du nach innen gehen musst, und es ist möglich, dass du das Gefühl hast, dass du in der äußeren Welt nicht zu deiner maximalen Kapazität leuchten kannst, da die innere Welt beschäftigt ist. Seien Sie also geduldig und sanft zu sich selbst, auch wenn Sie bemerken, dass sich die Dinge in der Außenwelt langsam anfühlen oder wenn Ihnen die Motivation fehlt, geben Sie ihr Gnade und denken Sie daran, dass alles vorübergehend ist. Das bedeutet nicht, dass du dich die ganze Zeit unmotiviert fühlst, aber wenn du dich ein wenig träge fühlst, solltest du wissen, dass es daran liegt, dass du ein Ganzkörpertraining von innen bekommst.

Es besteht kein Zweifel, dass Saturn in Fische ein bisschen herausfordernd für dich sein kann, Widder, aber die Belohnungen werden auch großartig sein. Saturn ist ein Experte für Herausforderungen, aber er tut es, weil er möchte, dass wir aufwachen und unser volles Potenzial freisetzen. Saturn wird einige verborgene Juwelen in dir freischalten, du kannst neue Talente, neue Fähigkeiten entdecken oder einige angeborene Fähigkeiten entwickeln und daran arbeiten, von denen du nie gedacht hättest, sie zu nutzen. Das heißt, Saturn wird Ihre natürlichen Talente vergrößern und Ihnen helfen, sie auf produktive und höchst nützliche Weise zu kanalisieren.

Sie werden auch in der Lage sein, Saturns geerdete Energie zu nutzen, um einige Ihrer Ideen zu nehmen und ihnen echte Struktur zu geben, Saturns Energie ist fantastisch, um Ihnen diese geschäftliche Denkweise zu geben, also wenn Sie mit etwas in Ihrem Leben oder einem Projekt, an dem Sie arbeiten, zur Sache kommen müssen, haben Sie eine der besten kosmischen Unterstützungen auf Ihrer Seite mit Saturn in Fische.

All die innere Arbeit, die du mit Saturn in Fische machst, wird dir auch helfen, deinen einzigartigen Funken zu dem zu bringen, woran du arbeitest, und es wird dich anleiten, an dem zu arbeiten, was wirklich wichtig ist. Energie wird während des Transports eine wertvolle Ressource sein, so dass die Konzentration auf das, was Ihnen wirklich wichtig ist, viel Zeit sparen kann.

Saturn in Fische bereitet dich auf Saturn im Widder vor, also musst du etwas innere Arbeit leisten, damit Saturn, wenn er bereit ist, sich in dein Zeichen zu bewegen, in der perfekten Position bist, um alle seine Gaben und Lektionen zu erhalten.

Mit Saturn in Fische durchläufst du eine interne Bestandsaufnahme, in der Saturn alles entfernt, was für dein Wachstum nicht mehr notwendig ist. Sie müssen Teppiche anheben, einige Skelette entfernen und einige hermetisch verschlossene Gläser öffnen. Aber wenn du das tust, wenn du dich auf diese Arbeit stützt, wenn du mit irgendwelchen unbequemen Ideen konfrontiert wirst, die an die Oberfläche kommen, wirst du Heilung und Wachstum finden. Ihr werdet feststellen, dass eure innere Welt vollständig transformiert und erneuert wird, um näher und mehr mit der wahren Essenz eurer Seele verbunden zu sein.

Wenn sich deine innere Welt verändert, wirst du auch feststellen, dass deine Intuition erhöht wird, und das ist eine Superkraft, die du in allen Bereichen deines Lebens einsetzen kannst. Widder, Saturn in Fische wird dich von innen heraus verwandeln und dir die verborgenen Perlen offenbaren, die du immer im Inneren hattest. Du stehst deinem wahren inneren Potenzial gegenüber und Saturn wird hier sein, um dich bei jedem Schritt des Weges zu führen.

Stier

Sie werden viel Erleichterung spüren, wenn Saturn sich auf Fische zubewegt. Während Saturn den Wassermann durchquerte, machte er einen durchdringenden Winkel zu Ihrem Zeichen und aktivierte Uranus, der sich durch Ihr Sternzeichen al bewegt hat.

Da Saturn nun dieses Gebiet verlässt, sollten Sie sich etwas wohler fühlen. Jede harte Lektion oder Herausforderung wird weich werden und dir ihre Belohnung geben. Während Saturns Bewegung durch Fische für Sie ruhiger sein wird, gibt es noch etwas zu tun, denn wenn Sie sich durch dieses Wasserzeichen bewegen, wird Saturn Sie herausfordern, wenn es um Ihre Freundschaften und die Gruppen geht, mit denen Sie verbunden sind. Soziale Verbindungen und eine Gemeinschaft sind wichtig, und für viele von uns ist es schwieriger geworden, dies in dieser Post-Covid-Welt zu erreichen oder aufrechtzuerhalten.

Saturn wird eine vollständige Bestandsaufnahme dieses Bereichs deines Lebens machen und dir helfen, Menschen und Gruppen zu eliminieren, die deinen Zweck nicht mehr unterstützen, und dir helfen, einen neuen Stamm von Menschen zu finden, die mehr auf dich ausgerichtet sind. Sie werden feststellen, dass sich Ihre Freundschaftsgruppen ändern, oder Saturn kann Sie dazu inspirieren, einem Club oder einer Gruppe beizutreten, um ein besseres Gemeinschaftsgefühl zu schaffen.

Ein Unterstützungssystem um Sie herum zu haben, ist entscheidend, also wenn dies etwas ist, an dem Sie arbeiten müssen, wird Saturn sicherstellen, dass dies der Fall ist. Mit Saturn an diesem Ort könnte es jedoch auch sein, dass eine Freundschaft oder Gemeinschaftsgruppe, zu der Sie gehören, zu einer Debatte wird. Möglicherweise haben Sie Schwierigkeiten, Verbindungen zu anderen herzustellen, oder sind gezwungen, mit Menschen zu interagieren, von denen Sie nicht der größte Fan sind.

Wir müssen lernen, mit allen möglichen Menschen auszukommen, und Grenzen zu haben, wird dir helfen. Saturn ist ein Experte für Grenzen, so dass Sie unter Transit wahrscheinlich viel darüber lernen werden, wie man Grenzen mit anderen setzt, besonders wenn Sie mit einer Gruppeneinstellung konfrontiert werden, und dies ist wahrscheinlich eine Lektion für Sie während dieses Zeitfensters.

Saturn in Fische wird auch Ihre Träume und Wünsche freischalten und aktivieren Was ist ein Traum, den Sie verwirklichen möchten? Während Sie vielleicht bereits versuchen, Grenzen mit anderen zu setzen, werden Sie auf der anderen Seite das unglaubliche Potenzial des Saturns erkennen, indem Sie ihm helfen, Ihre Träume Wirklichkeit werden zu lassen. Dies ist eine der glücklichsten Energien mit Saturn in Fische für Sie.

Saturn wird Ihren Ideen Wurzeln geben; Helfen Sie Ihnen, eine solide Grundlage zu schaffen, damit Ihre Träume den Test der Zeit bestehen können. Dies ist eine Gelegenheit für Sie, alle Ihre Wünsche zu verwirklichen und wirklich mit ihnen real zu sein. Wenn es etwas gibt, dass du tun möchtest, was steht dir im Weg? Es ist an der Zeit, praktisch zu sein und darüber nachzudenken, wie Sie Ihre Ideen oder Träume wahr werden lassen können.

Sie können davon profitieren, darüber nachzudenken, wie Ihr Traumleben aussieht und sich anfühlen wird. Schreibe es auf, Gobi und denke dann darüber nach, wie du anfangen kannst, dieses Traumleben Wirklichkeit werden zu lassen. Wenn Sie sich selbst treu sind, ist der Himmel hier die Grenze zu Saturn, also nutzen Sie Ihre stabilisierende, geerdete Kraft, um einige Ihrer Ideen in die reale Welt zu bringen.

Sie können auch Saturns Anwesenheit nutzen, um ein wenig Realitätscheck zu erhalten, wenn es um Ihre Ziele und Träume geht. Haben Sie etwas verfolgt, das nicht wirklich funktioniert hat? Saturns Gegenwart kann manchmal kalte, harte Wahrheit bringen und uns dazu veranlassen, uns auf etwas anderes zu konzentrieren oder vielleicht unsere Träume ganz loszulassen. Das klingt zwar ein wenig deprimierend, aber vertraue darauf, dass du geführt wirst, um etwas zu finden, das besser ausgerichtet ist und mehr mit deinem höheren Selbst übereinstimmt.

Saturn ist der Herr des Karmas, und seine Energie hilft uns immer, dem Zweck unserer Seele und dem, was unsere Seele gelernt hat, näher zu kommen. Lass die Energie des Saturn deinen Weg erleuchten, erlaube dir, dir zu zeigen, welche Träume möglich sind und was freigesetzt werden muss.

Wenn Saturn sich durch Fische bewegt, kann er auch Fragen im Zusammenhang mit Religion oder spirituellen Überzeugungen aufwerfen. Auch dies ist etwas, mit dem Sie möglicherweise Ihre Grenzen setzen müssen. Je klarer du über deine eigenen Überzeugungen bist, desto einfacher wird es für dich sein.

Wie kannst du dich von der Gruppe entfernen und dich auf deine eigene spirituelle oder religiöse Verbindung konzentrieren? Das kann eine mächtige Frage für Sie sein, wenn Dinge in diesem Bereich Ihres Lebens auftauchen.

Wenn Saturn seine Bewegung durch Fische beendet hat, wirst du weiser, stärker und auf den Pfad ausgerichtet sein, den du bewegst. Sie haben wahrscheinlich eine klarere Vorstellung von Ihren Zielen und Träumen und was tatsächlich möglich ist. Saturn kann dir sogar eine Vorstellung davon geben, wie dein Leben aussieht und sich anfühlen wird, wenn du anfängst, deine Träume in deinen Alltag zu integrieren, und glaub mir, Saturn wird dir helfen, diese Träume zu nehmen und sie in etwas zu verwandeln, das sehr real ist, also nutze diese Energie.

Saturn wird Sie auch dabei unterstützen, an Ihren Grenzen mit anderen zu arbeiten, und während dieses Prozesses müssen Sie möglicherweise in einigen der Gruppen und Gemeinschaften, mit denen Sie verbunden sind, überarbeiten. Möglicherweise stellen Sie auch fest, dass Sie einige Ihrer Grenzen entfernen müssen, damit Sie sich besser mit Ihren Mitmenschen verbinden können.

Saturn in Fische ist definitiv ein milderer Ort für Sie als der, mit dem Sie es zu tun hatten, also sollte dies etwas weicher sein, was Saturns Energie betrifft. Natürlich lebst du immer noch mit Uranus in deinem Zeichen, und das ist wahrscheinlich eine stärkere und stärkere Energie für dich im Moment.

Uranus ist der Planet der Veränderung und des Erwachens, aber mit Saturn in Fische kann sich jede Veränderung oder jedes Erwachen, das Sie durchlaufen, ein wenig geerdeter und ein wenig stabiler anfühlen.

Saturn wird dir helfen, etwas Struktur in jedes unsichere Terrain zu bringen, dass Uranus deinen Weg anziehen könnte, die Verbindung zwischen diesen beiden Planeten wird von angespannter zu entspannter werden, und das wird eine willkommene Erleichterung für dich sein, Stier.

Zwillinge

Seien Sie auf einen steilen Hang vorbereitet, aber wenn Sie den Gipfel erreichen, wird die Aussicht außergewöhnlich sein. Saturn trieft Erfolg in Ihrem Sternzeichen al. Ja, es wird ein bisschen harte Arbeit geben, um dorthin zu gelangen, aber die Zufriedenheit, die Sie fühlen werden, wird alles lohnend machen.

Saturn regiert Steinbock, und Steinbock wird durch die Seesiege dargestellt. Die Seesiege ist ein Fabelwesen, das die höchsten Berge erklimmen und in die Tiefen des Meeres schwimmen kann, diese Coen Marina kann beides, was ihr eine unglaubliche Sichtweise und Weisheit verleiht, die kein anderes Tier besitzen könnte.

Ich sage euch das alles, weil Saturn in Fische euch helfen wird, dies zu kanalisieren, ihr werdet die Seesiege werden, ihr werdet die höchsten Berge erklimmen und in die Tiefen des Ozeans schwimmen, und all das wird euch ein größeres Gefühl von Zweck und Erfolg geben. Die Seesiege hat den Schwanz eines Fisches und die Hinterbeine einer Ziege, so dass sie, obwohl sie vielleicht nicht der schnellste Bergsteiger oder der beste Schwimmer ist, ihre Kraft und Entschlossenheit nutzen kann, um dorthin zu gelangen, wo sie sein möchte.

Saturn in Fische wird Sie auf dieser Reise sehen und Ihnen helfen, die Belohnungen zu erhalten, die Ihnen sowohl von den Bergen als auch vom Ozean geschuldet werden. Dies ist im Wesentlichen eine Zeit, in der Sie wirklich in Ihr Potenzial und Ihren Erfolg eintreten, insbesondere in Bezug auf Ihre Karriere. Möglicherweise übernehmen Sie eine mächtigere Rolle, oder Sie stellen fest, dass Sie einen neuen Karriereweg brauchen, und Sie können sogar entscheiden, dass es Zeit ist, in Rente zu gehen und die Belohnung all Ihrer harten Arbeit zu genießen. Saturn wird auf deiner Seite sein und dir helfen, dich mit deinem wahren Zweck zu verbinden und mit dem, was sich für dich in dieser Phase deiner Reise am besten anfühlt.

Die Anwesenheit von Saturn kann auch die Realität überprüfen und Sie dazu bringen, zu erkennen, was nicht mehr funktionieren wird, wenn es um Ihren Beruf oder Job geht und wie Sie sich entscheiden, die Idee des Erfolgs zu verfolgen. In der Tat könnte Erfolg etwas sein, das sich in den nächsten 2,5 Jahren abzeichnet. Was bedeutet das für Sie? Was ist, wenn Sie nie den Erfolg erreichen, von dem Sie träumen?

Erfolg bedeutet für verschiedene Menschen unterschiedliche Dinge, und zu lernen, Ihren Wert zu finden, ohne ihn an Ihrem Erfolg festzumachen, kann eine Herausforderung sein, aber dies ist wahrscheinlich, wo Saturn Ihnen etwas Arbeit bringt. Wie können Sie sich erfolgreich fühlen, unabhängig davon, was in Ihrem äußeren Leben passiert? Dies ist eine mächtige Frage, die ein nützlicher Toppender sein kann, wenn Sie mit Saturn in Fische arbeiten.

Im Wesentlichen, wenn Saturn bereit ist, Fische zu verlassen, wird sich Ihr Karriereweg oder Ihr Erfolgskonzept in irgendeiner Weise verändern. Saturn ist auch als der Herr des Karmas bekannt, so dass jede harte Arbeit, die Sie in Ihrem Beruf geleistet haben, wahrscheinlich auch während dieser Zeit belohnt wird.

Während Ihr Beruf definitiv ein Schwerpunkt ist und Saturn eine faszinierende Unterstützung ist, wenn es darum geht, Erfolg in Ihrer gewählten Karriere zu schaffen, gibt es einen anderen Bereich, den Saturn für Sie hervorheben kann, der spiritueller ist. Auf einer zutiefst spirituellen Ebene hilft uns Saturn in diesem Zeichen, den Ruf unserer Seele zu hören, wenn wir nicht zugehört haben und wenn wir unseren inneren Ruf nach was auch immer ignoriert haben. Der Grund dafür ist, dass wir uns mit unserem Weg und unserem wahren Selbst nicht im Einklang fühlen, aber diese Fehlausrichtung kann etwas sein, dem ihr euch mit Saturn stellen müsst.

Saturn in Fische aktiviert einen heiligen Winkel in Ihrem Geburtshoroskop. Wenn Sie diesen Winkel aktivieren, wird dies Aufschluss darüber geben, wie Sie sich der Welt präsentieren und wie Sie sich in Ihrer inneren Welt fühlen. Wenn Sie diesen Blickwinkel aktiviert haben, werden Sie sich damit auseinandersetzen, wer Sie wirklich sind und wie Sie es der Welt gegenüber ausdrücken. Leben Sie von einem Ort der Ausrichtung mit Ihrer Seele? Bist du in Verbindung mit dem Zweck deiner Seele, oder lebst du für andere? Saturn ist sehr mit Karma von unserer Seele zur Seele verbunden, also was auch immer die Herausforderung mit sich bringt, es ist, weil er sicherstellen will, dass wir gemäß unserem Seelenvertrag leben. Unser Seelenvertrag ist die Vereinbarung, die unsere Seele getroffen hat, bevor sie in den physischen Körper eintritt, und dieser Vertrag wird von Saturn geregelt, der sicherstellen will, dass wir das Verteidigen, wozu unsere Seele hierher gesandt wurde.

Saturn möchte nicht, dass wir Zeit verschwenden, also können Sie sich während dieser zweijährigen Periode natürlich dem Vertrag und dem Zweck Ihrer Seele nähern. Sie werden vielleicht feststellen, dass bestimmte Dinge, die Ihnen Freude und Freude bereitet haben, nicht mehr mit Ihnen übereinstimmen, aber Sie können immer noch feststellen, dass es an der Zeit ist, die Gewohnheiten, Menschen und Überzeugungen, die Sie festgefahren oder eingeschränkt haben, wirklich zu beseitigen. In gewisser Weise überprüfen Sie alle Bereiche Ihres Lebens, aber all diese Überprüfung kommt von Ihren Gefühlen des Zwecks und der Verbindung Ihrer Seele.

Wenn wir über Sinn sprechen, neigen wir dazu, natürlich über unsere Karriere nachzudenken, da wir die meiste Zeit damit verbringen, aber es ist tiefer als das, es geht darum, was wir hier auf Seelenebene tun und die Energie, die wir auf den Planeten Erde bringen können. Die Energie, die wir einbringen können, hängt nicht wirklich von unserem gewählten Karriereweg ab. Wir können ein Heiler auf eine Million Arten und in einer Million verschiedener Jobbeschreibungen sein, wir müssen nicht die stereotype Definition eines Heilers sein, um unsere Gaben in die Welt zu bringen. Dies sind alles Bereiche, die in dieser Zeit für Sie herausstechen werden.

Sie müssen herausfinden, was Ihrem Zweck nahekommt und was nicht. Sie müssen einige Berge besteigen und einige Ozeane schwimmen, aber wenn Sie zurückkehren, werden Sie großes Verständnis und Einfühlungsvermögen für das haben, was Sie tun möchten. Du kannst offene oder geschlossene Karrierewege finden, du kannst neue Wege finden, deinen Zweck auszudrücken und deine karmische Bestimmung zu erfüllen, aber wenn Saturn seine Reise durch Fische beendet, versichere ich dir, dass du dich für all deine Bemühungen belohnt fühlst, du wirst dich deinem Zweck näher fühlen, und du wirst dich mehr darauf ausgerichtet fühlen, wie du deine Zeit verbringen willst.

Sie werden natürlich korrigiert, also vertrauen Sie dem Prozess, gehen Sie nicht davon aus, dass Sie alle Antworten kennen. Jeder Schritt, den Sie machen, bringt Sie näher an die Spitze, und die Aussicht wird ausgezeichnet sein.

Krebs

Saturn in Fische wird dich zwingen, praktischer zu sein. Du bist ein sehr intuitives und sensibles Zeichen und wirst oft davon angetrieben, wie du dich fühlst. Saturn wird Energieschwingungen aussenden, die dir helfen werden, einen praktischeren Ansatz zu wählen.

Du wirst feststellen, dass du deinen Geist schärfst und die Art und Weise, wie du über Dinge denkst, erweiterst. Es ist wahrscheinlich einfacher, sich nicht in Emotionen zu verfangen, und als Ergebnis fühlst du vielleicht mehr Raum, um dich auf deine Gedanken und die Art und Weise, wie du über Dinge sprichst, zu konzentrieren.

Deine Denkprozesse werden wirklich deine Geheimwaffe sein, je mehr du offenbleiben kannst, desto besser kannst du deine Gedanken managen und desto leichter wirst du es haben.

Saturn möchte immer, dass wir etwas arbeiten, also selbst wenn Sie Ihr übermäßiges Denken gemeistert haben und stundenlang in Meditation sitzen können, ohne nachzudenken, wird Saturn wahrscheinlich immer noch etwas Arbeit für Sie finden.

Saturn in Fische wird dir helfen, ein mentaler Lehrer zu werden, und während du durch diese Energie gehst, wirst du vielleicht feststellen, dass du etwas Neues lernen willst, einen Kurs oder einen Kurs besuchst, oder vielleicht liest du Bücher über ein ganz neues und interessantes Thema. Dies ist eine Gelegenheit für Sie, Ihren Geist zu erweitern, ihn auf neue Dimensionen auszudehnen und andere Denkweisen über die Welt und Ihre Rolle darin zu finden.

Wenn Sie schon immer in eine Richtung gedacht haben, versuchen Sie, anders zu denken. Fordern Sie sich selbst und Ihren Geist heraus und bleiben Sie offen für neue Inspirationen, die auf Ihrem Weg entstehen können. Dein Geist wird sich irgendwie dehnen, und du wirst neue Wege des Seins und neue Wege finden, dich auf der Welt zu bewegen. Saturn kann Sie auch zum Reisen inspirieren, da es eine der besten

Möglichkeiten ist, Ihren Geist zu erweitern und sich von Ihrer Routine zu befreien.

Saturn ist sehr routinemäßig, aber es ist, als müsstest du aus Routine und Struktur herauskommen, um eine neue Art des Seins zu finden. Während du durch diese Energie reist, kannst du von einer Routine profitieren, aber indem du dich offenhältst, wirst du nicht zu sehr in deinen Einstellungen gefangen. Erlaube den Menschen um dich herum, dir zu helfen und ihre Meinung zu äußern, denke nicht, dass dein Weg der Beste ist. Erlaube dir zu lernen, das heißt, dir zu erlauben, der Schüler zu sein.

Saturns Energie wird manchmal mit der eines strengen Lehrers oder eines Lehrers verglichen, der uns drängt, damit wir die beste Version von uns selbst sein können, und das ist es, was Saturn hier auf einer sehr mentalen Ebene für Sie tut. Wenn Sie sich entscheiden, etwas zu studieren oder wieder zur Schule zu gehen, können Sie wirklich gedeihen und große Fortschritte in Richtung eines Zertifikats oder einer Auszeichnung machen.

Wenn Saturn an diesem Ort vorbeizieht, können Sie sich jedoch auch geistig erstickt oder blockiert fühlen, und Sie können sich in Mustern mit sich wiederholenden Gedanken gefangen finden oder zum Überdenken neigen. Wenn Sie sich geistig festgefahren fühlen, wissen Sie, dass es etwas zu analysieren gibt.

Saturn kann Einschränkungen schaffen und uns ersticken lassen, aber das liegt nur daran, dass wir genauer hinsehen müssen. Manchmal fühlen wir uns gefangen, weil wir nicht bereit sind, weiterzumachen, auch wenn wir das Gefühl haben, dass wir es sind. Manchmal ist es einfach dadurch, dass wir sind und uns erlauben, dort zu sein, wo wir sind, dass wir endlich etwas Neues sehen oder erkennen, was uns überhaupt zurückgehalten hat.

Festgefahren zu sein ist ein Zeichen dafür, dass wir Fuß fassen und auf etwas achten müssen, das uns fehlt. Sei geduldig mit dir selbst und vertraue dem Fluss der Dinge, denn Saturn wird alles zur perfekten Zeit offenbaren.

In der Zwischenzeit müssen Sie möglicherweise ein Gleichgewicht zwischen dem logischsten Ansatz, dem Führen mit Intuition und dem Ausführen von Maßnahmen finden. Manchmal, wenn wir wirklich feststecken, können wir nur warten. Sie werden feststellen, dass Sie sich durch die Ebbe und Flut bewegen, während Saturn durch Fische reist. Du musst nur wissen, dass es von der anderen Seite dieses Klügeren kommen wird.

Es gibt noch ein weiteres Saturn-Element in Fische für Sie, und es beinhaltet Arbeit oder rechtliche Fragen. Dies gilt nicht für alle, aber wenn Sie in einen Rechtsstreit verwickelt sind oder mit juristischen Dokumenten zu tun haben, sollten Sie wissen, dass Saturn auf Ihrer Seite sein wird. Saturn wird euch helfen, Gerechtigkeit zu erlangen, aber er wird auch karmische Kontrollen und Gleichgewichte gewährleisten. Auch wenn die Dinge unfair erscheinen, Saturn verliert nie Punktzahl, also vertrauen Sie und denken Sie daran, dass Saturn auf Ihrer Seite ist.

Die Anwesenheit von Saturn wird Ihnen auch helfen, einen sehr soliden und logischen Ansatz für alles zu finden, was aufgetreten ist, ob Sie rechtliche Probleme haben, mit den Grundlagen beginnen und von dort aus aufbauen oder Schritt für Schritt alles tun und sicherstellen, dass Sie alle Regeln und Vorschriften befolgen. Saturn ist streng mit den Regeln, also wird es zu Ihren Gunsten arbeiten, sie zu befolgen und einen strukturierten Schritt-für-Schritt-Ansatz zu wählen.

Saturn in Fische kann auch eine gute Gelegenheit sein, Ihre rechtlichen Angelegenheiten in Ordnung zu bringen, und dies kann Dinge wie ein Testament, die Sicherstellung, dass Investitionen in Ordnung sind, und die Einhaltung von Steuern umfassen.

Wenn Saturn bereit ist, Fische zu verlassen, wird sich dein Geist in neue Dimensionen ausdehnen. Sie werden nicht nur klüger, sondern auch schlauer sein, wenn es um bestimmte Themen geht. Die Leute werden nach Ihnen suchen, um der Lehrer zu sein, in der Tat können

Sie sogar einen Weg finden, wie Sie dank dieses Transits ein Lehrer für andere werden. Wenn sich dein Geist erweitert, wirst du neue Menschen und Erfahrungen anziehen. Sie werden feststellen, dass Sie anders denken und anders handeln und Ihnen helfen, Ihr Leben auf eine ganz neue Art und Weise anzugehen.

Saturn in Fische ist kein sehr äußerer Ort für Sie, es ist einer, der von einer eher internen Ebene aus arbeiten wird. Tauchen Sie ein in die Weisheit und das Wissen dieser Jahreszeit in Ihrem Leben. Haben Sie keine Angst, neue Dinge zu lernen. Fordere dich selbst heraus, mehr Gleichgewicht in diese Herz-Geist-Verbindung zu bringen.

Nehmen Sie einen logischen Ansatz, wenn Sie normalerweise einen herzzentrierten Ansatz wählen würden. Nehmen Sie einen herzgeleiteten Ansatz, wenn Sie normalerweise einen logischeren wählen würden. Verschieben Sie die Grenzen dessen, was Sie wissen, und schon bald werden Sie zum Experten.

Löwe

Wenn Saturn durch Fische geht, können Sie sich nach innen wenden. Es wird eine starke Anziehungskraft geben, sich selbst auf einer tieferen Ebene zu verstehen und verborgene Denkprozesse oder unterbewusste Muster zu entschlüsseln.

Saturn in Fische kann auch eine tiefgreifende Transformation irgendeiner Art mit sich bringen, in der Sie geführt werden, um sich durch einen Prozess des Todes und der Wiedergeburt zu bewegen. Die Natur befindet sich ständig in einem Kreislauf der Regeneration, Bäume verlieren ihre Blätter, treten in die Todesphase ein und im Frühjahr sprießen sie wieder und treten in eine Phase der Wiedergeburt ein.

Es gibt auch die Geschichte des Phönix, der aus der Asche aufersteht. Vielleicht begeben Sie sich auf eine Reise des Todes und der Wiedergeburt mit Saturn in Fische. Möglicherweise müssen Sie einen Zyklus durchbrechen oder einen veralteten Glauben oder Lebensstil beseitigen und ihn in etwas Neues wiederbeleben. Die Wiedergeburt eines Bereichs Ihres Lebens kann immer seine Herausforderungen mit sich bringen, und wenn Saturn beteiligt ist, wird es zwangsläufig Herausforderungen geben.

Saturn ist wie ein strenger Lehrer, der dich dazu drängt, deine beste Version zu sein. Saturn drängt uns nie zu sehr oder zu wenig, er scheint immer genau die richtige Menge zu wissen, um unser volles Potenzial auszuschöpfen. Während ihr durch diesen Zyklus der Wiedergeburt voranschreitet, werdet ihr eine neue Grenze eures Potenzials erreichen.

Du wirst neue Fähigkeiten freischalten, an Orte reisen, die noch nie zuvor gesehen wurden, und letztendlich aus allem herauskommen, indem du dich selbst besser und intimer kennst. Bei Saturn in Fische geht es wirklich darum, das wahre Ich zu kennen. Es geht darum, die Masken, die Falschheit, die Dinge, die dich festhalten oder einschränken, abzuwerfen und die Schichten abzuschälen, um eine wahrere Version von dir selbst zu enthüllen.

Saturn ist eng mit unserem Seelenvertrag verbunden, es ist der Vertrag, den wir schließen, bevor wir diesen irdischen Bereich erreichen. Unser Seelenvertrag beschreibt all die Dinge, die die Seele während ihrer Zeit in der Erdenschule lernen und bewegen soll. Saturns Aufgabe ist es, sicherzustellen, dass wir den Mietern unseres Seelenvertrags gerecht werden. Er möchte sicherstellen, dass wir auf dem richtigen Weg sind und das tun, was wir tun sollen, damit alles, was uns von unserem Weg ablenkt, beseitigt wird und jede karmische Schuld, die bezahlt werden muss, gelöst werden muss.

Saturn in Fische kann auch Probleme im Zusammenhang mit Sexualität und Ihren intimen Beziehungen verursachen. Möglicherweise müssen Sie sich wieder mit sich selbst verbinden und mit dem, was Ihnen Freude bereitet. Vielleicht möchten Sie Ihre sexuelle Seite erkunden oder sich mit Ihrem Körper wohler fühlen. Saturn kann auch einige Grenzen und Einschränkungen mit sich bringen, so dass, während Sie letztendlich ermutigt werden, sich selbst besser kennenzulernen und eine tiefere, intimere Beziehung zu sich selbst zu entwickeln, Sie zunächst das Gegenteil fühlen können. Sie können sich von sich selbst getrennt fühlen und daher von Ihren Wünschen und Ihrem Lustzentrum getrennt sein. Sie können sich nicht sicher sein, was Sie von Ihren intimen Partnern erwarten, oder Sie haben Schwierigkeiten zu kommunizieren, was Ihnen ein gutes Gefühl gibt.

Saturn in Fische hilft dir, intim zu werden, aber zuerst musst du dies mit dir selbst tun, bevor du tun kannst, was andere tun können. Nimm dir die Zeit, um t e a tief und das, was du willst, kennenzulernen, dich mit dem zu verbinden, was dich begeistert, und vielleicht an deinen Energiezentren zu arbeiten. Unsere unteren Chakren, zu denen dein Wurzelchakra und dein Sakral Chakra gehören, befinden sich unterhalb des Nabels und sind mit unseren Sicherheitsgefühlen und unserem Gefühl des kreativen Verlangens verbunden. Nur wenn wir uns in unserem eigenen Körper sicher fühlen, können wir unsere Lustzentren aktivieren. Finden Sie daher Wege, sich sicher und in Ihrem eigenen

Körper verwurzelt zu fühlen, und es wird einfacher sein, in einen Zustand der Freude oder Freude zurückzukehren.

Es ist möglich, dass, während Saturn durch Fische reist, es sich ausruhen muss, Saturn wird Sie anleiten, Verantwortung für Ihren Körper und Ihre geistige Gesundheit zu übernehmen, und Sie ermutigen, Hilfe zu suchen, wenn Sie sie brauchen. Wann immer ihr durch einen Zyklus der Wiedergeburt geführt werdet, muss auch eine gewisse Regeneration involviert sein. Es muss die Zeit und den Raum geben, um die Batterien aufzuladen, um diesen Kreislauf zu durchlaufen. So wie Bäume im Winter ruhen, weil sie ihre Energie bewahren und auf den richtigen Zeitpunkt warten, wenn die Triebe wieder blühen. Wenn die Bäume nie ruhen würden, hätten sie nicht die Energie, diese neuen Triebe zu bilden. Sie müssen sich selbst die gleichen Möglichkeiten geben und daran denken, dass alle Dinge zu gegebener Zeit passieren werden.

Da Sie ein Feuerzeichen sind, können Sie den Wunsch verspüren, sich zu beeilen, aber Saturn in Fische wird Sie Geduld lehren, damit Sie sich Zeit nehmen und wirklich überlegen können, warum Sie die Dinge tun, die Sie tun.

Wenn Saturn diesen Teil des kosmischen Himmels durchquert hat, werden Sie sich auf einer intimen Ebene mehr mit dem verbunden fühlen, wer Sie sind. Sie werden sich mehr auf das ausgerichtet fühlen, was Ihnen Freude bereitet und wie andere Ihnen dienen können, besonders in Ihren intimen Beziehungen. Sie werden verstehen, was Sie brauchen, um sicherzustellen, was nicht mehr für Sie ist.

Saturn in Fische ist definitiv ein bisschen ein herausfordernder Transit für Sie, und Sie werden feststellen, dass Sie die Tür für etwas schließen müssen. Aber denken Sie daran, Saturn ist da, um Sie dem Weg Ihrer Seele und einem tieferen Zustand der Harmonie und des Verständnisses mit dem, was Sie von Ihrem Leben wollen, näher zu bringen. Wenn du irgendwelche Herausforderungen spürst, die unter dieser Energie entstehen, kehre zu dir selbst zurück. Was willst du wirklich? Was ist Ihrer Meinung nach richtig? Sie haben vielleicht nicht alle Antworten, aber wann immer Saturn involviert ist, ist es eine gute Idee, zur Verantwortung zurückzukehren.

Saturn möchte, dass wir Verantwortung für uns und unser Leben übernehmen. Er möchte, dass wir Verantwortung für das übernehmen, was wir in die Welt setzen und was wir sagen, dass wir wollen. Er möchte sicherstellen, dass unser Gespräch mit unseren Handlungen übereinstimmt und dass unsere Gedanken mit unserer Seele übereinstimmen.

Jungfrau

Saturn in Fische wird Offenbarungen bringen, wenn es um Ihre Beziehungen geht. Dies sind nicht nur deine romantischen Beziehungen, sondern alle Beziehungen, die du mit anderen unterhältst, wie du dich mit denen um dich herum verbindest und dich auf sie beziehst.

Saturns Energie kann sich als die eines strengen Lehrers manifestieren, der dich mit harten Lektionen und Herausforderungen beschenkt, aber das ist alles im Namen von Wachstum und Reife. Saturn möchte, dass wir aufsteigen, dass wir unser volles Potenzial freisetzen und Köpfe unseres Lebens werden. Da Saturn in Fische Ihre Beziehungen aktiviert, könnte es sehr gut sein, dass ein echter Lehrer Ihren Weg kreuzt.

Dieser Lehrer kann in Form eines Kostüms kommen oder ein Mentor für Sie sein. Dieser Lehrer kann ein Herausforderer bei der Arbeit sein, ein Partner oder jemand, der Unterstützung sucht. Dieser Lehrer könnte auch in Form von Lebenslektionen kommen. Wenn Ihre Beziehungen überprüft werden, werden Sie wahrscheinlich entdecken, was Sie vom Leben wollen und mit wem Sie sich umgeben möchten. Wenn eine Beziehung auf trockenem Boden war, wird Saturn in Fische die Stabilität bringen, die benötigt wird, um Ihnen bei der Entscheidung zu helfen.

Sie können entscheiden, dass diese Beziehung nicht mehr für Sie ist, oder Sie erhalten einen Weckruf und entscheiden, dass Sie lösen möchten, was auch immer passiert. Saturn wird Sie zu der für Sie besten Antwort führen. Aber zuerst müssen Sie vielleicht etwas innere Arbeit leisten. Woher willst du wissen, was du von anderen willst, wenn du dich selbst nicht zuerst kennst? Unsere Beziehungen können sehr aufschlussreich darüber sein, wer wir sind und was wir wollen. Manchmal müssen wir in einer Beziehung sein, die nicht das ist, was wir wollen, damit wir erkennen, was wir wollen.

Dies könnte eine mögliche Manifestation von Saturn in Fische sein. Sie können auch feststellen, dass Sie nach Jahren des Ausprobierens endlich den perfekten Partner oder die perfekte Beziehung anziehen.

Saturn möchte, dass wir eine Verpflichtung eingehen, also wozu wollen Sie sich verpflichten? Das sind die Arten von Fragen, die Saturn in dir erzeugen kann. Saturn an diesem Ort zu haben, kann auch Gutes für die Ehe verheißen oder tiefere Verpflichtungen gegenüber den Menschen um uns herum eingehen. Das Einzige, was Sie hier tun können, ist, Ihrem Herzen zu folgen, Saturn zeigt uns oft, für wen es sich zu kämpfen lohnt und wer einfach unsere Seele und unseren Geist befeuchtet.

Saturn kann manchmal etwas irritierende Energie in unsere Beziehungen bringen, und hier müssen wir Grenzen setzen. Zu lernen, Grenzen mit anderen zu setzen, ist eine weitere großartige Lektion von Saturn in Fische für Sie. Ein Teil des Setzens guter Grenzen besteht auch darin, zu lernen, einige alte Grenzen niederzureißen, die in Angst verwurzelt sind. Du kannst auch sehen, wie sich der Nebel auflöst, so dass du die Wahrheit über diejenigen sehen kannst, mit denen du dich umgeben hast. Wenn es eine Täuschung gegeben hat, kann Saturn sie enthüllen, damit Sie mit der Wahrheit voranschreiten können.

Dies sind alles Dinge, an denen ihr arbeiten sollt, wenn Saturn Fische durchquert. Im Wesentlichen, wenn Saturn seine Reise durch Fische beendet, werden Sie andere auf einer ganz neuen Ebene treffen. Sie haben mehr Sicherheit und mehr Selbstvertrauen, wenn es darum geht, wen Sie in Ihrer Nähe behalten möchten. Sie werden sich auch sicherer fühlen, wenn es um die Grenzen geht, die Sie mit anderen setzen müssen. Das klingt alles unglaublich, und natürlich fühlt sich der Weg dorthin nicht immer einfach an.

Saturn in Fische ist direkt vor Ihnen Jungfrau auf dem Rad des Tierkreises, so dass Sie diesen Transit härter spüren werden als die anderen. Da sich bei Saturn alles um Regeln und Gesetze dreht, kann seine Reise durch Fische zu vertraglichen Problemen für Sie führen.

Wenn Sie einen Vertrag abschließen, stellen Sie sicher, dass es das ist, was Sie wollen, und lassen Sie sich nicht von den Wünschen Ihrer Mitmenschen mitreißen. Wenn bei diesem Transit Probleme für Sie auftreten, kommen Sie zurück zur Verantwortung. Wofür müssen Sie Verantwortung übernehmen? Wenn Sie sich mit dieser Seite der Dinge befassen, können Sie alles lindern, was umstritten ist.

Als Herr des Karmas wird Saturn immer dafür sorgen, dass Gerechtigkeit geschieht, vielleicht müssen Sie nur ein wenig geduldig auf dem Weg dorthin sein. Wenn Sie einige Verluste hinnehmen müssen, können Sie sicher sein, dass im Laufe der Zeit etwas Gutes davon gedeihen wird. Selbst wenn die Dinge auseinanderfallen, hat Saturn eine Möglichkeit, dich auf den Weg zu bringen, der du sein sollst.

Wir alle kommen mit einem Seelenvertrag hierher, einer Vereinbarung, die wir empfangen haben, bevor wir in unseren physischen Körper eingetreten sind. Saturn ist so eng mit eurem Seelenvertrag verbunden, dass er weiß, was er tut, und ohne zu viel zu enthüllen, wird er euch helfen, dorthin zu gelangen. Saturn weiß auf Seelenebene, wozu wir hier sind, und es wird uns wieder auf den richtigen Weg führen oder weiter härter drängen. Wenn Dinge verblassen, wenn Beziehungen zerbrechen, wenn schmerzhafte Wahrheiten ans Licht kommen, wenn wir mit Vertragsproblemen kämpfen, ist das alles nur in dem Bemühen, zu unserem wahren Selbst zurückzukehren.

Das einzige Geschenk von Saturn in Fische an dich ist, dass du weißt, was du von den Menschen um dich herum willst. Sie werden wissen, was und mit wem Sie bereit sind, sich zu engagieren. Du wirst ein subtileres Gefühl dafür entwickeln, wen du in deiner Nähe behalten möchtest und wie du in deinen Beziehungen sein willst. Beziehungsarbeit ist immer eine der herausforderndsten Aufgaben, die wir erledigen werden, aber Ihr intuitiver und praktischer Geist wird Sie dabei unterstützen.

Waage

Saturn in Fische, Sie werden geführt, um Ihr Leben einen Tag nach dem anderen zu leben. Warten Sie auf eine neue Routine, eine neue Struktur und vielleicht entstehen sogar neue Leidenschaften aus diesem Prozess. Saturn wird Sie dabei unterstützen, Ihr Leben in Ordnung zu bringen, indem Sie eine solide Routine haben und die perfekte Balance zwischen Praktikabilität und kreativer Inspiration erreichen.

Du bist von Natur aus eine sehr kreative Seele, und Saturns Reise durch Fische wird dir helfen, all diese kreativen Inspirationen zu nehmen und ihnen eine Grundlage zu geben, damit sie sich perfekter mit der Realität deines Lebens verflechten können. Saturn in Fische wird Ihnen auch eine schwierige Frage stellen: Wie möchten Sie wirklich Ihre Zeit verbringen? Am Ende des Tages, wenn du mit diesem Leben und diesem Körper fertig bist, was meinst du, wofür hast du deine Zeit gegeben? Das ist eine tiefgründige Frage, aber so tief will Saturn gehen. Er möchte, dass Sie sich auf die kleinen alltäglichen Dinge konzentrieren, die die meiste Zeit in Anspruch nehmen, nicht auf die großen Ereignisse, die einmal im Jahr stattfinden. Er möchte sicherstellen, dass jeder Tag mit etwas gefüllt ist, das dich deinen Gefühlen von Zweck und Freude näherbringt.

Saturn und Freude sind normalerweise nicht miteinander verbunden, aber wenn wir mit den Herausforderungen arbeiten, die Saturn mit sich bringt, wenn wir seine Lektionen annehmen, kann es uns sehr wohl zu einer tieferen Freude führen, der Art von Freude, die dauerhaft und nicht nur flüchtig ist. Sie werden wahrscheinlich feststellen, dass Saturn in den nächsten Jahren keine natürlichen Möglichkeiten bietet, dies zu tun, aber um einen Vorteil zu erlangen, möchten Sie vielleicht über Ihre tägliche Routine nachdenken und was Sie Ihre Zeit damit verbringen. Hassen Sie Ihren Job und haben Angst, morgens aufzuwachen? Ärgern Sie sich, wie Sie Ihre Tage verbringen? Saturn wird Ihnen helfen, all dies zu überprüfen, aber es wird auf den grundlegendsten Ebenen beginnen.

Saturn wird keine großen radikalen Veränderungen mit sich bringen, er wird dich ermutigen, mit den kleinen Dingen zu beginnen, den kleinen Momenten, dann kannst du Stück für Stück die Veränderungen vornehmen, die du magst. Bei Saturn geht es darum, kleine Schritte vorwärtszumachen. Schließlich bringen uns diese kleinen Schritte dorthin, wo wir hinmüssen, aber sie erfordern Geduld und Hingabe, um zu bauen.

Neben der Überprüfung Ihrer täglichen Routine kann Saturn Sie auch dabei unterstützen, Verantwortung für Ihre Gesundheit zu übernehmen. Dies kann eine neue Diät sein, die mehr auf die Nahrungsmittel abgestimmt ist, die Ihren Körper nähren, und es kann auch wie eine neue Routine oder ein neues Trainingsprogramm erscheinen, oder planen Sie einfach die einmal im Jahr durchgeführten Untersuchungen, die wir alle durchführen möchten. Ein Verfechter der Gesundheit zu sein, wird mit Saturn in Fische bevorzugt. Ignorieren Sie keine anhaltenden Symptome und seien Sie sich all Ihrer Aktivitäten bewusst, Saturn wird es definitiv mögen, wenn Sie es tun.

Man kann sich Saturn als einen strengen Lehrer vorstellen oder vielleicht sogar als einen Lehrer, der Herausforderungen und schwierige Lektionen bringt, aber nur, weil er weiß, dass wir damit umgehen können. Zuerst möchte Saturn sicherstellen, dass wir die Regeln befolgen und unsere Hausaufgaben buchstabengetreu machen, aber dann, sobald wir ein Meister der Aufgabe sind, können wir unseren eigenen Geschmack hinzufügen. Aber zuerst müssen wir die Methoden lernen, und sich um Ihre Gesundheit und Ihren Alltag zu kümmern, sind die Methoden, was Saturn in Fische betrifft.

Sie können auch wenig Verkehr finden, der Sie anfällig für Erschöpfung macht. Alternativ können Sie feststellen, dass Ihr Zeitplan zu repetitiv oder langsam wird, bis zu dem Punkt, an dem Sie sich gelangweilt fühlen, egal was passiert, Saturn ist hier, um Sie Ihrem Geist und dem, was Ihnen wichtig ist, näher zu bringen. Er möchte, dass Sie die Verantwortung dafür übernehmen, wie Sie Ihre Zeit verbringen. Saturn möchte nicht, dass Sie sich mit dem verbinden, was Sie wirklich schätzen, und möchte, dass Sie die Verantwortung dafür übernehmen.

Erwarten Sie nicht, dass Sie alles sofort herausgefunden haben, Saturn wird bis Februar 2026 in Fische sein, also wird dies ein langsamer Prozess sein, der Schritt für Schritt ablaufen wird. Sie werden nicht alle Antworten haben, es wird Zeit brauchen. Aber am Ende dieser Reise solltest du feststellen, dass deine Tage viel besser aufeinander abgestimmt sind und deine Routine ein größeres Spiegelbild dessen ist, was wirklich deine Seele nennt. Dies ist ein kraftvoller Ort, also ergreifen Sie die Gelegenheit, stützen Sie sich auf die Arbeit und lassen Sie sich von Saturn Ihrem Seelenvertrag näherbringen.

Dein Seelenvertrag ist die Vereinbarung, die deine Seele getroffen hat, bevor sie in deinen physischen Körper eintritt. Es beschreibt all die Dinge, die Sie während Ihrer Zeit hier lernen sollen, und enthält einige der wichtigsten Ereignisse Ihres Lebens. Saturn ist der Meister unseres Seelenvertrags und all seine Arbeit, alles, was er inspiriert oder von uns zieht, ist in dem Bemühen, uns nach unserem Seelenvertrag leben zu lassen.

Saturn arbeitet langsam und sehr oft kann es dazu führen, dass wir uns dabei erstickt fühlen. Manchmal kann Saturn uns einschränken oder einsperren, aber das ist so, damit wir uns die Zeit nehmen können, herauszufinden, was wir wollen und was uns wichtig ist. In den Weiten der Saturnmauern können wir uns die Zeit nehmen, uns mit dem zu verbinden, was unsere Seele wirklich begehrt.

Saturn in Fische wird auch für jedes kreative Projekt, das es gestalten möchte, sehr vorteilhaft sein. Ihre Anwesenheit, zusammen mit der kreativen Ader von Fischen, wird Ihnen helfen, eine solide Grundlage für alle kreativen oder inspirierten Ideen zu schaffen, die Sie haben können. Sie sind in einer der besten Positionen, um dieses Geschenk zu erhalten, also stellen Sie sicher, dass Sie es verwenden. Nimm diese Fische-Energie auf Saturn und kanalisiere sie, um das Leben deiner Träume zu leben. Beginnen Sie klein, indem Sie an einem kleinen Teil Ihrer täglichen

Routine arbeiten, beginnen Sie damit, Ihre Wünsche langsam in Ihren Tag einzubringen, Schritt für Schritt, Stück für Stück. All Ihre harte Arbeit wird durch diese Energie belohnt.

Skorpion

Saturn in Fische infundiert Energie in dein Herzchakra und leitet dich an, deine Vorstellungen von Liebe und was Liebe für dich bedeutet, neu zu gestalten. Unter dieser Energie wirst du dich durch ein tiefes und sehr persönliches Erwachen des Herzens bewegen, das es dir ermöglichen wird, dich auf neue Weise mit der Liebe zu verbinden.

Vielleicht kennst du eine Person, die diese Veränderung in dir auslösen wird. Diese Person könnte alles sein, wonach sich dein Herz gesehnt und gewünscht hat, oder es könnte alles sein, von dem du dachtest, dass du es wolltest, aber jetzt erkennst du, dass du etwas anderes willst. Am Ende dieses Transits wirst du auf der anderen Seite klarer und selbstbewusster herauskommen, als du willst, wenn es um deine Beziehungen und das Geben und Empfangen von Liebe in deinem Leben geht.

Vielleicht findest du dein Herz offener für die Liebe und an einem Ort, an dem du es mit offenen Armen empfangen kannst, oder du findest dich endlich mit der Art von Liebe verbunden, die sich für dich gut anfühlt. Während diese Liebesreise mit einer romantischen Beziehung verbunden sein kann, kann sie sich auch mit Kindern und der Liebe verbinden, die Sie fühlen, wenn Sie an Ihren kreativen Leidenschaften arbeiten.

Fische sind eine sehr kreative Energie, und mit Saturn hier bekommt diese kreative Energie eine starke Präsenz, so dass sie besser in unsere Realität eingedrungen werden kann. Du bist in einer privilegierten Position, diese Energie zu empfangen und mit ihr in deinem Leben zu arbeiten. Wenn Sie also ein kreatives oder aufregendes Projekt haben, das Sie gerne durchführen würden, wird Saturn in Fische Ihnen helfen, es aufzubauen, zu manifestieren und zum Leben zu erwecken. Dies ist eine fantastische Energie, um ein kreatives oder sogar spirituelles Geschäft zu schaffen. Oder, wenn Sie schon immer als Beziehungsberater arbeiten wollten, bietet diese Energie fantastische Unterstützung.

In deinem Herzen zu arbeiten kann eine Herausforderung sein, Liebe ist für viele von uns ein zutiefst persönliches Anliegen. Liebe ist die Wurzel von allem, also egal was sich in den nächsten Jahren für dich entwickelt, Liebe wird sich wahrscheinlich irgendwo in den Wurzeln verstecken. Dies könnte ein Bedürfnis sein, sich selbst mehr zu lieben oder deine Arme zu öffnen, um die Liebe um dich herum zu empfangen. Es könnte auch eine komplette Überarbeitung dessen sein, was du für Liebe gehalten hast, aber jetzt erkennst du, dass es nur deine Schmerzen oder Traumata sind, die sprechen.

Liebe kann eine schwierige Sache sein, so dass Saturn in Fische an Ihren Herzen zerren und sogar die Dinge verwirrend machen kann. Sie können sich zurückgehalten fühlen, wenn es darum geht, zu wissen, wie man andere ausdrückt und ihnen Liebe gibt, und Sie können sich in diesem Prozess auch ein wenig ungeliebt fühlen. Aber Saturn hat immer einen Plan. Obwohl es leicht zu sagen ist, vertraue den Lektionen, die sich entfalten, und achte besonders auf diejenigen, die in diesem Zeitfenster in dein Leben kommen, besonders wenn es sich um romantische Verbindungen handelt. Sie sind höchstwahrscheinlich Lehrer für euch, die gesandt wurden, um euch zu helfen, euer Herz zu öffnen. Saturn wirkt manchmal auf mysteriöse Weise, aber er möchte, dass wir für uns selbst erkennen, was wir vom Leben wollen und wünschen.

Er möchte, dass wir erkennen, wofür es sich zu kämpfen lohnt und wofür wir Verantwortung und Verantwortung übernehmen wollen. Saturn kann einige harte Lektionen bringen, wie einen Weckruf, bei dem wir erkennen, dass wir nicht weitermachen können. Bei Saturn dreht sich alles um harte Liebe. Aber wenn wir uns durch seine Energie bewegen und uns mit dem, rubs sich entwickelt, wohler fühlen, können wir beginnen, karmische Gaben zu empfangen. Mit Saturn in Fische ist deine karmische Gabe das Beste, was es gibt, Liebe zu kennen, zu wissen, wie sich tiefe Liebe anfühlt, und eine unerschütterliche Liebe für dich selbst zu fühlen.

Selbstliebe ist auch ein großer Teil dieses Transits, und es ist eine großartige Erinnerung, darauf zurückzukommen. Was auch immer passiert, egal für welchen Kampf du dich bewegst, frage dich: Wie kann ich mich selbst mehr lieben? Wie kann ich auf dieser Reise Selbstliebe zeigen?

Ein erwachtes Herz muss manchmal gebrochen werden, aber das ist nur eine Öffnung. Mit einem offenen Herzen kannst du es in neue Dimensionen erweitern, du kannst neue Dinge über dich selbst lernen und du kannst dich mit der Liebe verbinden, die du wirklich bist.

Spirituelle Liebe ist auch Teil dieser Gleichung. Wir sind alle Liebe, und wir kehren zur Liebe zurück, das ist eine spirituelle Wahrheit, die leicht zu sagen und äußerst schwer zu fühlen ist. Diese Liebe in dir zu erkennen, wird ein wertvolles Werkzeug auf dieser Reise sein.

Selbstliebe ist eine ständige Reise, und manchmal ist es einfach, uns selbst zu lieben, und manchmal nicht so sehr. In den nächsten Jahren wirst du herausgefordert werden, wenn es darum geht, was du von deinen Beziehungen willst, aber du wirst klarer und klarer aus der anderen Seite herauskommen, wer du bist und die Liebe, die du verdienst zu geben und zu empfangen.

Diese Energie ist auch sehr kreativ, also fühlen Sie sich frei, sie auch in Ihre Hobbys und kreativen Leidenschaften zu kanalisieren. Bringe deine Liebe durch dein Kunstwerk in die Welt, denn das ist auch eine kraftvolle Art, mit dieser Energie zu arbeiten.

Saturn in Fische wird Sie auch daran erinnern, praktisch zu sein, besonders wenn es um Herzensangelegenheiten geht. Eine Liste zu erstellen, zu organisieren und einen praktischen Ansatz zu verfolgen, wird hier bevorzugt. Als Wasserzeichen sind Sie sehr mit Ihren Emotionen verbunden, aber Saturn in Fische wird Sie bitten, Ihre Energie ein wenig mehr zu fokussieren und einen praktischeren und logischeren Ansatz zu wählen. Manchmal ist die einfache Antwort die beste Antwort. Manchmal können wir Dinge schwarz auf weiß sehen, das ist es, wozu uns diese Saturnenergie in Fische führt.

Indem du die Dinge aus einer praktischeren und logischeren Perspektive betrachtest, kannst du dich unter dieser Energie geführter und gelenkter fühlen. Wenn Sie sich nicht sicher sind, was Sie tun sollen, können kleine Schritte helfen. Saturn ist sehr methodisch in seiner Herangehensweise, so dass Sie, wenn Sie die Dinge in kleine, überschaubare Schritte zerlegen, viel mehr vorankommen werden, als zu versuchen, große Sprünge zu machen oder zu ahnen, was kommen könnte. Tun Sie einfach, was Sie können, mit den Informationen vor Ihnen. Machen Sie kleine Schritte vorwärts und Sie werden schließlich auf der Straße sein.

Saturn in Fische kann ein bisschen schwer sein, aber was für ein erstaunliches Geschenk bietet es Ihnen. Es bietet Offenheit des Herzens und wird dich der Liebe, die du bist, näher bringen. Liebe wird für euch etwas anderes bedeuten, nachdem Saturn sein Werk vollendet hat. Liebe wird sich realer und zugänglicher anfühlen.

Schütze

Saturn in Fische wird einen göttlichen Winkel Ihres Geburtshoroskops aktivieren. Diese Ecke wird Probleme auslösen, die damit zusammenhängen, wer du bist und wem du der Welt präsentierst. Sind sie beide dasselbe und präsentierst du der Welt eine andere Version von dir selbst? Wie tief kennst du dich wirklich?

Wir alle tragen Masken, und wir alle werden von den Meinungen des anderen und den Erwartungen der Gesellschaft beeinflusst. Wir alle andern unser Verhalten, wenn wir mit bestimmten Menschen zusammen sind. Während dies bis zu einem gewissen Grad und normal ist, wird Saturn in Fische Ihnen helfen, Masken loszulassen, die Ihnen nicht mehr dienen. Dies ist eine Zeit, um mit dir selbst echt zu sein und wer du wirklich bist.

Kein Vortäuschen mehr, kein Verstecken hinter Perfektionismus oder Weglaufen, um allen Problemen zu entkommen. Sie suchen nicht mehr nach dem nächsten Abenteuer, das Sie von den Realitäten Ihres Lebens ablenkt. Du wirst gezwungen sein, echt mit dir selbst zu sein, damit du nach Hause zurückkehren kannst, damit du dich mit deinen Wurzeln verbinden kannst und wer du wirklich bist, weg von all den Masken und Erwartungen, die dir auferlegt wurden. Auf dieser Reise können Sie sehr gut nach Hause zurückkehren oder müssen in der Nähe Ihrer Familie sein. Möglicherweise müssen Sie Wunden in der Kindheit überprüfen oder feststellen, dass die Nähe zu Ihrer Familie bestimmte Muster in Ihnen auslöst.

Alternativ kann das Bedürfnis, nach Hause zurückzukehren, auch nur das Bedürfnis sein, in sich selbst nach Hause zurückzukehren oder irgendwo Wurzeln zu schlagen, wo man sich stabil fühlt. Es gibt dieses Bedürfnis, mehr Stabilität in dein Leben zu bringen, dich in einer Art zuhause niederzulassen. Zuhause ist, wo das Herz ist, also kann es hier sehr gut angewendet werden, aber es wäre auch nicht verwunderlich, wenn bestimmte Faktoren für Sie rund um Ihr Zuhause oder Ihr Leben entstehen.

Saturns Energie in Fische hat ein sehr stabiles Gefühl für dich. Wenn Sie eine Immobilie kaufen, verkaufen oder Reparaturen an Ihrem Haus vornehmen möchten, kann diese Energie sehr günstig sein. Natürlich ist es immer wichtig, seinen eigenen Instinkten zu folgen, aber es gibt definitiv einen starken Fokus auf die häusliche Umgebung.

Diese Energie kann auch sehr günstig sein, wenn Sie eine Familie gründen oder sich in eine engagiertere Beziehung mit jemandem einleben möchten. Saturn in Fische bringt Wurzeln in dein Leben, und wenn du siehst, wie sich diese Wurzeln integrieren, kann es dir helfen, klarer zu wissen, worin du wirklich verwurzelt sein willst.

Manchmal, wenn wir uns nicht vollständig verpflichten, auch wenn es unbewusst ist, erkennen wir die Konsequenzen dessen, was wir tun und von wem wir umgeben sind, nicht vollständig. Aber wenn Saturn einige Wurzeln vor uns hängt, wird der Einsatz höher und es wird einfacher für uns zu erkennen, worin wir verwurzelt sein wollen und worin wir nicht verwurzelt sein wollen.

Du kannst feststellen, dass die Anwesenheit dieser Wurzeln als eine Art Erwachen wirkt und dir hilft zu erkennen, was für dich bestimmt ist und womit du nicht mehr verbunden sein möchtest. Saturn fragt dich, worin du verwurzelt sein willst, und dann wird es funktionieren, um sicherzustellen, dass du die Verantwortung für die Wurzel übernimmst, die du machst.

Saturn in Fische kann viel Gewicht und Verantwortung bringen, aber Sie entscheiden, wofür Sie Ihre Energie geben möchten. Natürlich kann das Leben manchmal im Weg stehen und im Weg stehen, aber Sie können wählen, wie Sie Ihre Zeit verbringen möchten. Wenn Sie auf dem Boden bleiben wollen, muss sich diese Energie möglicherweise durch einen Kreislauf von Tod und Wiedergeburt bewegen. Möglicherweise müssen Sie einige Dinge oder einige Leute loslassen.

Möglicherweise musst du Verhaltensweisen oder Mustern, die nicht mehr funktionieren, ein Ende setzen, und schließlich wirst du wiedergeboren, weil du im Wesentlichen in einen tieferen, wahreren Ausdruck dessen eintrittst, wer du bist. Es kann konfrontativ sein, dies zu tun, und es kann viele Ängste und Unsicherheiten hervorrufen, wenn diese Masken fallen, kann es schwierig sein, zu navigieren, was wir unter ihnen finden, ob Sie schön oder schön sind. Das wahre Du, das maskenlose Du bist perfekt und genau das, was gerade in der Welt gebraucht wird.

Saturn wird dir helfen, die Mauern niederzureißen, die dich gefangen oder verborgen gehalten haben, und dich dazu bringen, neue zu bauen, die dir mehr Offenheit und mehr Freiheit ermöglichen. Als Feuerzeichen ist Freiheit sehr wichtig für Sie, Heu ein Klischee für Schütze, der ein Pferd in einem Lager ist, oder das Pferd ist glücklich auf dem Feld, wenn die Tür offengelassen wird, weil es wandern und auf dem Feld spielen kann. Aber wenn die Tür geschlossen ist, ist das Pferd unglücklich, elend und wird alles tun, um zu entkommen.

Während Sie als der Firebird des Tierkreises bekannt sind, ist Saturn hier, um Erdung in Ihr Leben zu bringen. Saturn kann die Tür schließen, aber er öffnet ein Fenster oder eine andere Tür, die Sie vorher nicht erkannt haben, und gibt Ihnen Zugang zu einer völlig neuen Sichtweise. Es kann auslösend sein, wenn Saturn in Fische erscheint, da es ein bisschen schwere Energie ist und Sie an Leichtigkeit gewöhnt sind, aber es gibt tiefgreifende Lektionen, die Sie hier lernen und entdecken müssen.

Es gibt viele Geschenke, die Saturn darauf wartet, zu vermitteln. Eine dieser Gaben ist einfach ein tieferes, verbundeneres Verständnis dessen, wer du bist. Frei von den Masken und Erwartungen anderer und frei, vor allen Problemen davonzulaufen. Saturn wird dich dazu bringen, dich ihnen zu stellen und mit ihnen zu sitzen, bis du alles gesehen hast, was sie dir zu zeigen haben, aber durch diesen Prozess wirst du noch größere Freiheit finden.

Du wirst frei sein von allem, was in deinen Schatten lauert. Ihr werdet frei von jeglicher Scham oder schuld oder Skeletten sein. Saturn in Fische mag dich einschränken, bis du dort ankommst, aber sobald du die Arbeit erledigt hast, wird sich dir eine ganz neue Welt eröffnen, oder du wirst nicht noch freier sein, sie zu erkunden. Saturn ist der Hüter unseres Seelenvertrags, es ist der Vertrag, den unsere Seele geschlossen hat, bevor sie in diesen physischen Körper eintritt, und Saturn möchte sicherstellen, dass wir nach ihm leben.

Während ihr in den nächsten Jahren durch diese Reise des Saturn in Fische voranschreitet, werdet ihr euch enger an den Seelenvertrag ausrichten. Sie werden sich geerdet fühlen, um Ihre Energie auf das zu konzentrieren, was wirklich zählt. Während Ihr Zuhause und Ihr Familienleben zusammen mit den Masken, die Sie tragen, hervorstechen können, kommen Sie am Ende des Tages einfach mehr in sich hinein. Ihr werdet angeleitet, euch von allem zu lösen, was euch begrenzt und klein hält, und euch in das höchste und tiefste Potenzial eures wahren Selbst zu bewegen.

Steinbock

Saturn in Fische aktiviert Ihr Halschakra und die Art und Weise, wie Sie sich ausdrücken. Du bist eine sehr tiefe Seele, und ein Großteil deiner Weisheit kommt von innen. Diese Weisheit ist etwas, an dem du festhältst und nahe an deinem Herzen festhältst, aber unter dieser Energie wirst du lernen, wie und wann du das, was du gefunden hast, teilen kannst. Du wirst lernen, diese Quelle des Wissens, die in dir fließt, zu nehmen und sie mit der Welt zu teilen.

Während Sie diesen Prozess durchlaufen, sind Sie sich möglicherweise zunächst etwas unsicher, wie Sie Ihre Stimme teilen können. Vielleicht fühlst du dich nicht in der Lage zu sprechen oder nicht in der Lage, wirklich das zu teilen, was du willst, mit den Menschen um dich herum. Wenn dieses Gefühl auftritt, denken Sie daran, dass es ein Zeichen dafür ist, dass Sie nach innen gehen und sich besser mit Ihren wahren Gefühlen verbinden müssen. Du musst selbstbewusster sein, selbstbewusster.

Sie müssen Ihr Selbstvertrauen aufbauen, und dadurch werden Sie lernen, Ihre Stimme zu finden. Manchmal ist der beste Weg, um zu üben, deine Weisheit zu bestätigen und mit anderen zu teilen, es einfach zu tun und zu sehen, was passiert. Das mag also eine Taktik sein, die Sie erforschen können, aber mit Saturn werden Sie wahrscheinlich weitere Fortschritte machen, indem Sie langsame, durchdachte und methodische Schritte unternehmen.

Kommunikation ist ein großes Thema, es kann sich darauf erstrecken, wie du mit anderen sprichst, wie du mit dir selbst sprichst, wie du dich mit anderen und der Welt um dich herum verbindest und wie du dich der Welt präsentierst. Kommunikation ist eine der am schwierigsten zu entwickelnden Fähigkeiten, wir alle haben unseren eigenen Kommunikationsstil und wir alle haben unsere eigenen Ansichten über die Welt, aber zu lernen, ein nachdenklicherer

Kommunikator zu sein, ist etwas, das Saturn in Fische in Ihnen inspirieren wird.

Saturn ist euer herrschender Planet, also werdet ihr seine Bewegungen immer stark spüren, aber ihr seid bereits sehr an seine Energie gewöhnt. Das bedeutet, dass Sie bereits ein guter Schüler sind und wissen, wie man damit umgeht. Saturn möchte, dass wir Verantwortung für Dinge übernehmen, möchte, dass wir die Dinge auf einer fundierteren und praktischeren Ebene sehen und dass wir uns auf Schwarz und Weiß konzentrieren, damit wir eine logische Entscheidung treffen können. Dies alles ist sehr stark mit Saturns Energie und Motiven verbunden, aber wenn es um Kommunikation geht, ist es nicht immer schwarz und weiß, es ist viel Grau im Spiel, und das ist es auch, was Sie lernen zu navigieren.

Jeder wird seine Meinung und seine Version der Ereignisse haben, jeder wird auch seine eigenen Gefühle haben und diese Gefühle werden auch die Art und Weise trüben, wie sie die Dinge sehen. Du kannst die Menschen nicht zwingen, die Welt so zu sehen, wie du es tust, oder auf die wahre, reine Absicht in jedem Wort zu hören, dass du sagst. Die Menschen werden ihren eigenen Standpunkt haben, der sich für sie sehr real anfühlt, auch wenn er sich für dich nicht real anfühlt. Hier beginnt das Lernen. Obwohl dieses Beispiel wörtlich ist, finden Sie Ihre Reise vielleicht etwas subtiler als diese. Es können nur kleine Dinge sein; Es kann nur auf kleine Weise sein, dass Sie die Auswirkungen von Saturn auf Ihr Halschakra oder Energiezentrum bemerken.

Aber egal, was passiert, wenn Saturn seine Reise durch Fische beendet, wirst du ein besserer Kommunikator sein, nachdenklicher und viel selbstbewusster, wenn es darum geht, deine Stimme mit anderen, mit dir selbst und mit der Welt um dich herum zu teilen. Wenn Sie Ihre Stimme teilen, können Sie sich selbstbewusster fühlen und sich von der Masse abheben, was Ihnen hilft, sich bei der Arbeit auszuzeichnen und in Führungspositionen aufzusteigen. Es gibt viele Möglichkeiten, wie du sehen kannst, wie sich diese Energie in deinem Leben manifestiert. Wenn du dich also mit gebundener Zunge wiederfindest, wenn du das Gefühl hast, dass es schwierig ist, dich auszudrücken, oder dass dich niemand versteht, erkenne, dass du in Saturns Job bist, weißt du, dass du dich durch eine große Lebenslektion bewegst und du bist genau dort, wo du sein musst.

Saturn kann manchmal Gefühle der Einsamkeit oder Abgeschiedenheit verstärken, du kannst fühlen, dass du unter diesem Transit von der Welt isoliert bist, aber diese Pause, diese Zeit allein ist einfach da, um dir zu helfen, zu entdecken, wer du bist. Saturn möchte, dass du aufstehst und Verantwortung für dein Leben übernimmst und was du willst, aber zuerst musst du herausfinden, was du willst. Saturn wird zwei Jahre brauchen, um sich durch Fische zu bewegen, und Saturn nimmt sich gerne Zeit, Saturn bevorzugt nicht die großen kühnen Bewegungen, sondern die kleinen Schritte, in denen Sie Stück für Stück und Tag für Tag arbeiten und bauen können. Dies wird eine langsame und methodische Arbeit sein, aber Sie werden Ihr Ziel erreichen.

Ihr werdet das Ende dieser Reise erreichen und ihr werdet auf der anderen Seite viel reifer sein als zuvor. Saturn ist der Herrscher unseres Seelenvertrags und möchte sicherstellen, dass wir nach unserem Seelenplan leben. Was auch immer sich unter Saturns Bann manifestiert, ist einfach in dem Bemühen, uns näher daran zu bringen, näher am Geist und näher zu leben, als es unsere Seele während ihrer Zeit hier tun wollte.

Saturn in Fische, der an der Kommunikation arbeitet, mag auf den ersten Blick etwas seltsam erscheinen, aber das ist es, was du jetzt brauchst, um dich deinem Seelenvertrag immer näher zu bringen. Sei unter Saturn in Fische vorsichtig, was du sagst, sei deinem Wort treu und übernimm die Verantwortung für alles, was du mit anderen gesprochen und geteilt hast. Unsere gesprochenen und geschriebenen Worte sind mächtig, und Saturn sorgt dafür, dass wir uns das Aneignen. Wenn wir etwas Unangenehmes geteilt haben, müssen wir vielleicht etwas Schadensbegrenzung betreiben oder uns den Worten, die wir geschrieben haben, stellen, wenn wir eine brillante und schöne Weisheit geteilt haben, können wir feststellen, dass ein Vertrag für ein Buch auf uns zukommt, oder dass mehr Menschen gezwungen sind, zu lesen und zu folgen, was wir zu sagen haben.

Es gibt viele Möglichkeiten, wie sich dies manifestieren kann, aber denken Sie daran, dass Ihre Kommunikationsfähigkeiten ein mächtiges Werkzeug sind und Ihnen helfen können, die nächste Etappe Ihrer Reise zu erreichen. Wenn Sie in einem kommunikativen Bereich arbeiten, ist dies auch ein positives Omen, dass Sie sich mit dem, was Sie tun, in eine stärkere, mächtigere Position bewegen. Vertraue auf den Prozess und vergiss nicht, dass, wenn Saturn in Fische landet, dein Halschakra leuchten wird.

Wassermann

Saturn ist gerade aus Ihrem Zeichen herausgekommen, und Sie fühlen Erleichterung, Saturn kann Ihnen viel harte Arbeit bringen, besonders in Angelegenheiten im Zusammenhang mit t oder Gesundheit oder t oder Selbstentwicklung. Da Saturn sich darauf vorbereitet, Ihr Zeichen Anfang März pünktlich zu verlassen, denken Sie daran, dass ein Geschenk für Sie auf dem Weg ist. Saturn ist der Herr des Karmas und belohnt immer unsere guten karmischen Taten. All die Anstrengungen, die ihr unternommen habt, um Saturns Herausforderungen zu begegnen, können sich jetzt auszahlen.

Also, wenn Sie gekämpft haben, wenn Sie das Gefühl hatten, sich in einem harten Kampf zu bewegen, werden Sie jetzt Ihr Ziel erreichen und die herrliche Aussicht genießen können. Atme, du verdienst es. Sie verdienen es, diese Zeit zu nutzen, um all die Lektionen und Herausforderungen zu feiern und zu ehren, die Sie durchgemacht haben.

Nimm dir einen Moment Zeit, um Dankbarkeit für all das zu finden, was du gelernt hast und wie weise du heute bist. Schauen Sie sich an, wie es gewachsen und gereift ist. Wenn Saturn dein Zeichen besucht, möchte er, dass du Verantwortung für jeden Aspekt deines Lebens übernimmst, von deinem physischen Körper, mit wem du dich umgibst und wofür du deine Zeit wählst. Saturn gibt uns einen vollständigen Überblick über das Leben und stellt sicher, dass wir gemäß unserem Schicksal leben.

Viele der Bewegungen und Veränderungen, die in den letzten Jahren stattgefunden haben, haben euch an diesen Ort und näher an euren Seelenvertrag gebracht, also selbst wenn ihr Herausforderungen gegenüberstandet, denkt daran, dass dies alles im Namen des spirituellen Wachstums und der Expansion geschieht! Wenn Saturno zu Fischen wechselt, bekommen Sie eine Verschnaufpause, Sie werden sehen, wie sich die Energie leichter anfühlt.

Wenn Sie sich überwältigt gefühlt haben, als ob das Gewicht der Welt auf Ihren Schultern lag, können Sie das jetzt beiseitelegen und die frische Leichtigkeit begrüßen, die Sie erwartet. Wenn Saturn sich durch Fische bewegt, wird er an den Finanzen arbeiten, an den Gefühlen des Selbstwertgefühls und an der Verbindung mit dem Überfluss.

Vielleicht musst du vortreten, wenn es darum geht, deinen Wert zu bestätigen und zu wissen, was du wirklich verdienst, und du musst vielleicht einige Gedanken der Knappheit und des Mangels loswerden und dich daran erinnern, dass du würdig bist, die Güte des Universums zu haben und zu empfangen. Ich möchte, dass Sie sich entspannen und Ihre Zeit mit Saturn genießen können, indem Sie Ihr Zeichen hinterlassen, also tun Sie es, aber später, wenn Sie sich bereit fühlen, springen Sie zurück zur Arbeit, weil Saturn wartet und er nicht so geduldig ist.

Bekannt als der Herr des Karmas, wird Saturn daran arbeiten, sicherzustellen, dass karmische Schulden und Salden bezahlt werden, und da Saturn in Fische an Ihren Finanzen arbeitet, könnte sich dies in Form von Rechnungen und Steuern manifestieren. Wenn Sie mit Schulden zu kämpfen haben, ist es an der Zeit, sich zu organisieren und einen praktischen Plan zu erstellen, um etwas von dem zu bezahlen, was Sie schulden. Dies ist auch ein guter Zeitpunkt, um Ihre finanzielle Situation in Ordnung zu bringen und sicherzustellen, dass Sie im Rahmen Ihrer Mittel leben und nicht zu viel ausgeben.

Wenn Sie jedoch Angst haben, Ihr Geld auszugeben und keinen Raum für Freizeitausgaben geben, müssen Sie möglicherweise auch einen Blick auf die zugrunde liegenden Ängste werfen. Saturn ist sehr praktisch, und dies sind einige praktische Beispiele dafür, was sich manifestieren kann. Auf praktischer Ebene lernen Sie, mit Geld besser zu werden und Ihre Finanzen auf eine Weise zu verwalten, die nicht erstickt, aber nicht zu nachsichtig ist. Auf einer tieferen Ebene wird Saturn Ihnen jedoch helfen, sich mit Ihren Selbstwertgefühlen und Ihrer tieferen Beziehung zu dem, was Geld für Sie bedeutet, zu verbinden. Geld ist für viele von uns ein Sicherheitspass, und obwohl einiges davon definitiv gerechtfertigt ist, kann die Arbeit in Ihrer Beziehung zu Geld

Ihnen helfen, eine positivere und gesündere Verbindung zu dem zu entwickeln, was es in Ihnen hervorbringt.

Mit anderen Worten, Geld ist einfach ein Energieaustausch, eine Energie-"Währung", die von Person zu Person fließt, denken Sie darüber nach, was diese Idee in Ihnen hervorruft und wie sie Ihre Einstellungen oder Ansichten über Geld verändern kann. Unsere Einstellung zum Geld steht auch in direktem Zusammenhang mit unseren Gefühlen des Überflusses und wie offen wir für das Empfangen sind.

Fülle ist eine energetische Kraft, die überall um uns herum lebt, der schnellste Weg, Fülle anzuzapfen, besteht darin, Dankbarkeit zu üben und über alles nachzudenken, was Sie haben, anstatt über das, was Sie nicht haben. Indem du dich auf das konzentrierst, was du hast, versetzt es dich in eine direkte Schwingungskombination mit Fülle, und das lässt mehr Fülle auf deinem Weg fließen.

In deiner Beziehung zur Fülle geht es nicht um Geld, sondern darum, wie würdig du dich fühlst, die Gaben, die das Universum bringen muss, zu empfangen und mit ihnen zu arbeiten. Mit Saturn in Fische können Sie natürlich feststellen, dass mehr Fülle auf Sie zukommt, nicht nur in Form von Geld, sondern auch in Form von Möglichkeiten und Projekten. Alternativ können Sie fühlen, dass sich alle Türen um Sie herumschließen, wenn dies der Fall ist, denken Sie daran, dass es ein Ruf ist, nach innen zu gehen und an Dankbarkeit und Geschenken zu arbeiten, die bereits um Sie herum sind.

Auf diese Weise wird es dir helfen, deine Verbindung zur Fülle des Universums wiederherzustellen. Sie können es auch hilfreich finden, über Dinge zu meditieren, die Sie reichlich fühlen lassen, und dann dieses Bild zu visualisieren, wann immer Sie das Gefühl haben, dass Sie einen Energieschub brauchen. Saturn in Fische wird Sie auch dazu führen, nach vorne zu treten und Verantwortung für Ihr Selbstwertgefühl zu übernehmen, wenn Sie sich nicht würdig fühlen, etwas zu haben, kann es für Sie sehr schwierig sein, es zu empfangen.

Saturn wird Ihnen alles über Selbstwertgefühl beibringen, nicht nur in Bezug auf Geld und Überfluss, sondern in allen Bereichen Ihres Lebens. Sie könnten feststellen, dass Sie aufgerufen sind, nach vorne zu treten und Ihren Wert wirklich zu schätzen und ihn anderen mitzuteilen, Saturn ist ein Experte in der Schaffung von Grenzen, also kann das Schaffen von Grenzen Ihnen hier helfen, Ihren Wert zu behaupten und in Ihrer Macht zu bleiben.

Selbstwertgefühl ist auch mit Selbstliebe verbunden, und auch das kann ein Problem sein, das für Sie auftaucht, wenn Saturn sich durch Fische bewegt. Spiegeln deine Handlungen wieder, dass du dich selbst liebst? Die Antwort auf diese Frage ist wahrscheinlich tiefgründig, aber Saturn in Fische wird Ihnen helfen, es zu lösen. Schritt für Schritt und nach und nach werden Sie beginnen, eine verwurzeltere und sicherere Beziehung zum Geld, zum Überfluss und vor allem zu Ihrem Selbstwertgefühl zu entwickeln. In der Tat, wenn Sie sich einfach auf das Selbstwertgefühl konzentrieren, wird sich der Rest von selbst ergeben.

Fische

Alle 28 Jahre tritt Saturn in Ihr Sternzeichen ein. Saturn braucht so lange, um durchzubrechen, dass, wenn er dort ankommt, er sicherstellt, dass die Arbeit erledigt wird. Sie können sich vorstellen, dass Saturn zu Ihrem Zeichen kommt, als Harry Potter mit seinem Zauberstab ankommt und hilft, den Raum zu reinigen, Dinge zu organisieren und die Dinge zum Laufen zu bringen. Saturn kann eine schwere Energie sein und bringt Herausforderungen mit sich, aber das ist nur, damit du dein volles Potenzial erreichen kannst.

Saturn ist der Hüter eures Seelenvertrags, der Vereinbarung, die wir getroffen haben, bevor wir in diesen irdischen Körper eingetreten sind, und möchte sicherstellen, dass ihr nach diesem Seelenvertrag lebt. Sie möchten sicherstellen, dass Sie die Regeln dieses Vertrags befolgen und Ihr volles Potenzial ausschöpfen. Wenn Saturn in dein Zeichen eintritt, berührt seine Energie jeden Winkel deines Lebens. Er möchte, dass du aufstehst und Verantwortung für deinen physischen Körper, deinen Mentalkörper, deinen emotionalen Körper und deinen spirituellen Körper übernimmst.

Alles beginnt mit dir, und darauf wird dein Fokus liegen, wenn Saturn durch dein Zeichen reist: Du. Was brauchen Sie? Was braucht dein Körper? Was braucht dein Herz? Es geht darum, sich mit den Bedürfnissen und Wünschen Ihres Körpers, Geistes und Ihrer Seele zu verbinden. Du bist im Zentrum von allem, und Saturn in Fische wird dir helfen, dich mit dem Kern dessen zu verbinden, wer du wirklich bist. Saturn wird dir helfen, die Masken zu entfernen, die dir nicht mehr dienen, und dir offenbaren, was zutiefst wichtig ist, und dir helfen, dich auf deinem Weg ausgerichtet und geerdet zu fühlen und Dinge zu klären, die nicht mehr für dich sind.

Wann immer Saturn beteiligt ist, ist es immer eine gute Idee, zur Verantwortung zurückzukehren, c auf Saturn in Fische, Saturn möchte, dass Sie Verantwortung für sich selbst übernehmen, mehr wird es tun,

Sie müssen es tun, Sie müssen aufstehen und anfangen, Ihre Bedürfnisse zu kommunizieren und für sich selbst einzutreten. Niemand wird sich so um dich kümmern, wie du kannst, und das ist es, woran Saturn dich erinnern soll. Mit Saturn in Ihrem Zeichen können Sie sich manchmal schwer fühlen, Sie können sich auch ein wenig von der Welt oder den Ereignissen, die in Ihrem Leben passieren, überwältigt fühlen. Saturn kann etwas Gewicht auf Ihre Schultern legen, aber das ist nur, damit Sie herausfinden können, was Sie tragen möchten.

Das Gewicht, dass du fühlst, ist alles, was du dir selbst oder deinem eigenen Leben eingeflößt hast, aber Saturn wird alles tragen, bis du erkennst, woran du dich nicht mehr festhalten musst. Saturn will dein Tablett abräumen, will dich von dieser Schwere befreien, aber es braucht dich, um zu handeln. Es wird dir alles zeigen und enthüllen, was dich belastet und schwerhält, und dann liegt es an dir, damit zu tun, was du willst.

Wenn Saturn in unserem Zeichen beginnt, können wir fühlen, wie sich das Gewicht ansammelt, aber wir können dem Fluss von allem folgen, bis wir es nicht mehr können, und dann fallen die Dinge auseinander und wir erkennen, was für uns nicht mehr funktionieren wird. Saturn kann sich so an uns heranschleichen, aber keine Sorge.

Saturn ist nicht hier, um dich zu täuschen, es ist eher wie ein Lehrer oder dieser nervige Lehrer, der will, dass du die Dinge auf deine Weise herausfindest, damit die Lektion aufrechterhält. Anstatt alles für dich zu tun, führt es dich dazu, fast Fehler zu machen, damit du dich korrigieren und deinen eigenen Weg finden kannst.

Saturn wird zweieinhalb Jahre in Ihrem Zeichen verbringen und sich langsam bewegen, um sicherzustellen, dass es nicht aufhört zu lernen. Es ist wichtig, sich daran zu erinnern, dass, wenn man mit der Energie von Saturn arbeitet, es besser ist, langsam zu gehen und methodische und praktische Schritte vorwärtszumachen. Sie können davon profitieren, einen Zeitplan einzuhalten und regelmäßig mit Ihnen selbst zu sprechen, um sicherzustellen, dass Sie das tun, was Sie erfüllt und Ihnen ein gutes

Gefühl gibt. Es wäre auch eine gute Idee, eng mit Ihren Grenzen zusammenzuarbeiten und sicherzustellen, dass Sie nicht zulassen, dass andere oder Situationen Ihre persönlichen Grenzen überschreiten.

Saturn ist der Meister der Grenzen, also haben Sie hier etwas Unterstützung an Ihrer Seite, um sicherzustellen, dass Sie nicht ausgenutzt werden und dass Sie sich nur auf das einigen, was sich für Sie richtig und angenehm anfühlt. Neben diesen Werkzeugen können Sie auch davon profitieren, Zeit in der Natur zu verbringen und zu lernen, wie Sie Ihre Energie verbinden können. Saturn ist eine tiefsitzende Präsenz, so dass es dir helfen kann, diese Energie zu navigieren, wenn du dich wohl fühlst, geerdet zu sein.

Als Wasserzeichen können Sie sich durch die irdische Präsenz des Saturns ein wenig erstickt fühlen, so dass es auch hilfreich sein kann, Dinge zu tun, um den Fluss zu Ihrem Körper wiederherzustellen, und dies kann beinhalten, Zeit in der Nähe von Wasser zu verbringen, zu schwimmen, zu tanzen oder jede Form von Bewegung, die es Ihnen ermöglicht, Ihre Energiezentren auszugleichen. Das andere unglaubliche Geschenk, das Saturn in Ihrem Zeichen Ihnen bietet, ist das kreative Potenzial. Sie sind sicherlich sehr kreativ und setzen Ihre Kreativität wahrscheinlich in Ihrem Berufsfeld in irgendeiner Weise ein.

In der Tat wird Kreativität wahrscheinlich in alle Bereiche Ihres Lebens fließen, Saturn wird Ihnen dabei helfen. Saturn wird alle Ihre Ideen nehmen und Ihnen helfen, sie in etwas Produktives und Dauerhaftes zu kanalisieren. Wenn Sie in einem kreativen Bereich arbeiten möchten, wenn Sie Ihre kreativen Ideen in ein Geschäft verwandeln möchten, haben Sie die beste Energie dafür.

Dies ist eine fantastische Zeit, um all Ihre Ideen in etwas Greifbares und Dauerhaftes zu verwandeln. Saturn wird Ihnen helfen, eine starke unternehmerische Denkweise zu haben, damit Sie Ihren kreativen Ideen die bestmögliche Chance geben können, in der Welt zu gedeihen. Dasselbe gilt, wenn du etwas im spirituellen Bereich tun willst, tatsächlich kann Spiritualität und deine spirituelle Verbindung auch für dich unter diesem Transit entstehen. Sie werden sich wahrscheinlich auf ein tieferes, verbundeneres Verständnis dessen zubewegen, wer Sie auf spiritueller Ebene sind, und Sie können sogar feststellen, dass Ihre intuitiven und psychischen Gaben unter diesem Ort erweitert werden.

Wenn Sie normalerweise eine sehr sensible Person sind, kann Saturn Ihnen helfen, dies für eine gewisse Zeit abzuschwächen, damit Sie zu Ihrem Zentrum zurückkehren und sich mehr mit Ihnen in Einklang bringen können. Dann, wenn du bereit bist, wirst du anfangen, mehr von deinen intuitiven Gaben zu empfangen und dich dafür zu öffnen. Saturn ist definitiv eine harte Energie, daran führt kein Weg vorbei. Es kann wie ein Realitätscheck sein, der uns zwingt, aufzuwachen und ein echtes Leben mit Einfallsreichtum zu bekommen. Aber wenn du die Arbeit machst, wirst du belohnt. Es gibt so viele Geschenke, die man haben kann, wenn Saturn kommt, um zu bleiben, also nimm die Reise an, stütze dich auf die Lektionen und du wirst eine neue Meisterschaft entdecken.

Über die Autoren

Zusätzlich zu ihrem astrologischen Wissen verfügt Alina Rubi über eine reichhaltige Berufsausbildung; Sie hat Zertifizierungen in Psychologie, Hypnose, Reiki, Bioenergetische Heilung mit Kristallen, Engelheilung, Traumdeutung und ist spirituelle Lehrerin. Rubi hat Kenntnisse der Gemmologie, mit der er Steine oder Mineralien programmiert und sie in mächtige Amulette oder Schutztalismane verwandelt.

Rubi hat einen praktischen und ergebnisorientierten Charakter, der es ihm ermöglicht hat, eine besondere und integrierende Vision von mehreren Welten zu haben, die Lösungen für spezifische Probleme erleichtert. Alina schreibt die Monatshoroskope für die Website der American Asociation of Astrologers; Sie können sie auf der www.astrologers.com Website lesen. In diesem Moment schreibt er eine wöchentliche Kolumne in der Zeitung El Nuevo Herald über spirituelle Themen, die jeden Sonntag in digitaler Form und montags in gedruckter Form erscheint. Er hat auch ein Programm und ein Wochenhoroskop auf dem YouTube-Kanal dieser Zeitung. Sein astrologisches Jahrbuch erscheint jedes Jahr in der Zeitung "Diario las Américas" unter der Rubrik Rubi Astrologa.

Rubi hat mehrere Artikel über Astrologie für die monatliche Publikation "Today's Astrologer" geschrieben, Astrologie, Tarot, Handlesen, Kristallheilung und Esoterik gelehrt. Sie hat wöchentlich Videos zu esoterischen Themen auf ihrem YouTube-Kanal: Rubi Astrologa. Sie hatte ihr eigenes Astrologie Programm, das täglich durch Flamingo T.V. ausgestrahlt wurde, wurde von mehreren Fernseh- und Radioprogrammen interviewt, und jedes Jahr wird ihr "Astrologisches Jahrbuch" mit dem Horoskop Zeichen für Zeichen und anderen interessanten mystischen Themen veröffentlicht.

Sie ist Autorin der Bücher "Reis und Bohnen für die Seele" Teil I, II und III, einer Zusammenstellung esoterischer Artikel, die in Englisch, Spanisch, Französisch, Italienisch und Portugiesisch veröffentlicht wurden. "Geld für alle Taschen", "Liebe für alle Herzen", "Gesundheit für alle Körper", Astrologisches Jahrbuch 2021, Horoskop 2022, Rituale und Zaubersprüche für den Erfolg im Jahr 2022, Zaubersprüche und Geheimnisse, Astrologie Kurse, Rituale und Amulette 2023 und Chinesisches Horoskop 2023 alle in fünf Sprachen verfügbar: Englisch, Italienisch, Französisch, Japanisch und Deutsch.

Rubi spricht perfekt Englisch und Spanisch, vereint all ihre Talente und Kenntnisse in ihren Lesungen. Er lebt derzeit in Miami, Florida.

Für weitere Informationen können Sie die Website besuchen www.esoterismomagia.com

Alina A. Rubi ist die Tochter von Alina Rubi. Derzeit studiert sie Psychologie an der Florida International University.

Als Kind interessierte sie sich für alle metaphysischen, esoterischen Themen und praktizierte Astrologie und Kabbala ab dem Alter von vier Jahren. Er hat Kenntnisse in Tarot, Reiki und Gemmologie. Sie ist nicht nur Autorin, sondern zusammen mit ihrer Schwester Angeline A. Rubi Herausgeberin aller von ihr und ihrer Mutter veröffentlichten Bücher.

Für weitere Informationen können Sie sie per E-Mail kontaktieren: rubiediciones29@gmail.com

Don't miss out!

Visit the website below and you can sign up to receive emails whenever Rubi Astrologa publishes a new book. There's no charge and no obligation.

https://books2read.com/r/B-A-DJNU-WMRGC

BOOKS 2 READ

Connecting independent readers to independent writers.

Did you love *Saturns Transithandbuch von Fischen für jedes Sternzeichen*? Then you should read *Geheime Zaubersprüche und Rituale*[1] by Rubi Astrologa!

In "Geheime Zaubersprüche und Rituale" finden Sie mehr als tausend uralte Rituale, Talismane und spirituelle Bäder, die detailliert erklärt werden, leicht durchzuführen sind und deren Zutaten Sie zur Hand haben. Diese Zaubersprüche basieren auf Weißer Magie, Schwarzer Magie, Roter Magie, Grüner Magie und Blauer Magie. Um Ihr Ziel zu erreichen, finden Sie hier nicht nur die besten Mondphasen für Ihre Zaubersprüche, sondern auch die Wochentage, Uhrzeiten, Kerzenfarben, Quarze, Pflanzen und vieles mehr.

---

1. https://books2read.com/u/mgPKN0

2. https://books2read.com/u/mgPKN0